Ich wünsche mir Gelassenheit

Alexandra Bischoff

Ich wünsche mir Gelassenheit

Ein Balancierkurs für die Seele

Ellert & Richter Verlag

Inhalt

Einführung

oder

Was Sie hier erwartet und wer ANNA ist

*Für meine Liebsten – mit Eurer Unterstützung
komme ich immer wieder ins Gleichgewicht*

Wären auch Sie gern dauerhaft entspannt, gelassen und innerlich flexibel? Bestimmt würden Sie den Widrigkeiten des Lebens am liebsten immer souverän entgegentreten. Mit einem Lächeln auf den Lippen könnten Sie alles an sich abperlen lassen, was bislang an Ihrem Nervenkostüm zerrt. Andere Menschen mit ihren Launen könnten Ihnen nichts mehr anhaben. Wohlbefinden wäre Ihr Normalzustand ... Alles ein schöner Traum?

Die Wirklichkeit sieht oft so aus: Schon vom Aufstehen an haben Sie das Gefühl, dieser Tag geht schief, eigentlich sollten Sie gleich wieder ins Bett. Und tatsächlich, es wird nicht besser. Alles scheint sich gegen Sie verschworen zu haben ...

- Sie reagieren in bestimmten Phasen dünnhäutig und sensibel auf Ihre Umwelt, seien es Äußerungen, Ereignisse oder Sinneseindrücke. Sie werden weinerlich oder auch ungewöhnlich gereizt.
- Manchmal ist Ihr Körper verspannt und tut weh, und Sie können sich eigentlich gar nicht erklären, warum.
- Sie wissen vor Stress und Hektik nicht, wo Ihnen der Kopf steht, und stellen Ihre eigenen Bedürfnisse hinten an. Eigentlich ist Ihnen klar, dass sich das rächen wird. Aber Ihnen fehlen jetzt wirklich die Zeit und auch die Kraft, sich darum zu kümmern.
- Andere Menschen lösen durch ihr Verhalten bei Ihnen hin und wieder richtig schlechte Laune aus. Ihre negativen Gefühle grummeln den ganzen Tag in Ihnen weiter.
- Bestimmte Aussagen anderer kreisen wie in einer Endlosschleife in Ihrem Kopf. Sie können nicht mehr abschalten und haben Probleme einzuschlafen.

Sie selbst fühlen sich nicht gut dabei. Aber auch die Menschen um Sie herum merken, wie labil oder stabil Sie gerade sind. Und sie reagieren darauf: Ihre Körperhaltung, Ihre Stimme, Ihre Mimik und Gestik, aber auch was Sie sagen und mit welcher inneren Haltung Sie das tun – all dies wird von Ihrer Umwelt wahrgenommen, eingeordnet und Ihnen entsprechend zurückgespiegelt, im Schlechten wie im Guten. Dann doch lieber im Guten, oder?

Mit diesem Buch kann und will ich Ihnen nicht versprechen, dass Sie den traumhaften, geradezu tiefenentspannten Zustand, den ich im ersten Absatz geschildert habe, dauerhaft erreichen. Aber ich kann Sie anleiten und auf dem Weg begleiten, sich bewusst immer wieder neu in Ihr inneres Gleichgewicht zu bringen – in kleinen, machbaren Schritten und mit einfachen, im Alltag gut anwendbaren Methoden, für die Sie keine Hilfsmittel brauchen.

Mein Grundgedanke dabei ist: Leben ist ein permanenter Balanceakt. Wie auf einer Wippe geraten wir immer wieder aus dem Gleichgewicht, ob wir wollen oder nicht. Die Kunst besteht demnach darin, nicht steif in der Mitte zu stehen, sondern elastisch und flexibel äußere Impulse aufzunehmen und auszugleichen. Diese Fähigkeiten können Sie entwickeln und üben. Und dabei will ich Ihnen mit diesem „Balancierkurs für die Seele" helfen.

Warum wähle ich für meinen Selbststärkungsansatz ausgerechnet die Form eines Balancierkurses, bei dem man zunächst an körperliches Training denkt? Schlicht deswegen, weil ich die Parallelen für überzeugend und hilfreich halte. Was uns körperlich guttut, passt oft auch für unser Seelenleben. So kann man meiner Meinung nach die klassischen sportlichen Ideale auf innere Haltung und äußere Ausstrahlung übertragen:

- „Kraft" kann auf körperlicher UND seelischer Ebene bedeuten „stark, energetisch, kraftvoll",
- „Ausdauer" lässt sich doppelt deuten als „konditionsstark, belastbar, zäh",
- „Gelenkigkeit" als „beweglich, flexibel, geschmeidig, mit Spannkraft, lässig",
- „Koordination" heißt für mich auch im übertragenen Sinn „zielgerichtet, trittsicher, ausbalanciert".
- Und die für den Körper so wichtige gute Ernährung kann man sich als inneren Energiespender vorstellen.

Daher finden Sie in diesem Buch von Aufbau und Inhalten her, was auch in einem Kurs für tatsächlich körperliches Balancieren vorkommen könnte: angefangen von der idealen Übungsumgebung über den Einsatz von Lächeln, Atmen und positiven Gedanken bis hin zum Umgang mit inneren und äußeren Störungen. Dabei biete ich Ihnen sowohl Nachdenk- und kleine Körperübungen als auch wohldosiert die theoretischen Hintergründe dafür auf psychologischer Grundlage. Und wenn Sie möchten, werden Sie sich am Ende ein für Sie persönlich passendes Methodenset zur Selbststärkung und einen Anwendungsplan zusammengestellt haben.

Keine Angst, Fitness und Beweglichkeit sind KEINE Voraussetzungen für diesen ganz speziellen Balancierkurs! Die Übungen sind so angelegt, dass Sie sie auch bei körperlicher Beeinträchtigung gut machen können. Was im Stehen funktioniert, tut es auch im Sitzen oder Liegen. Sie brauchen, um Ihre Gefühle positiv beeinflussen zu können, vor allem Ihren Kopf.

Was wird es Ihnen nützen, wenn Sie Ihre inneren Balancierfähigkeiten trainieren und ausbauen?

- Sie werden souveräner und autonomer. Sie sind den Widrigkeiten des Alltags nicht mehr so ausgeliefert und können sich selbst aus Stimmungstiefs helfen.
- Sie haben eine positivere Ausstrahlung, die auch von Ihrer Umwelt positiv aufgenommen wird.
- Sie können entspannter mit unangenehmen oder subjektiv schwierigen Situationen klarkommen. Dafür haben Sie ein Methodenset zur Verfügung, das wie maßgeschneidert zu Ihnen passt.
- Wenn Sie Ihren persönlichen Stress vermindern und für sich sorgen, schützen Sie sich vor schädlichen Stressfolgen.
- Und wenn Sie sich selbst in Kraft bringen können, haben Sie bessere Laune und mehr Lebensfreude!

Das Fachwissen, das ich für Sie hier aufbereitet habe, stammt aus den Gebieten Kommunikationspsychologie, Systemisches Coaching, Gefühls- und Gedankenmanagement, mentale und körperliche Entspannung, Stressprävention/Stressbewältigung und Positive Psychologie. Daraus habe ich das jeweils Beste und

Brauchbarste für folgende Fragen ausgewählt und in eine alltagstaugliche Form gebracht:

- „Wie bringe ich mich selbst ins Gleichgewicht?"
- „Wie kann ich mich innerlich selbst stärken?"
- „Wie kann ich mir guttun und mich damit in Kraft bringen?"

Ich habe in diesem „Best-of" für Sie zusammengetragen, was ich selbst im Laufe vieler Jahre lernen, erfahren und anwenden durfte. Im privaten und beruflichen Bereich hatte ich schon viele Gelegenheiten, ob gewollt oder ungewollt, durch neue und auch schwierige Phasen zu gehen und letztlich an ihnen zu wachsen. Dabei haben mich Lesen, Fachstudium, mir nahestehende Menschen und auch eigenes Coaching unterstützt. Hätte ich mein heutiges Wissen schon früher gehabt, wäre mir so manche bittere Erfahrung, z.B. ein Blackout während einer Prüfung, erspart geblieben. Inzwischen gebe ich meine Erkenntnisse anderen Menschen weiter, im Rahmen meiner Tätigkeit als Persönlichkeitscoach und vor allem bei meinen Selbststärkungsseminaren.

Mit diesem Buch möchte ich auch Menschen, die nicht in meiner direkten Umgebung leben, den Zugang zu meinen Kenntnissen und meinen Methoden verschaffen, die immer auch den Körper und die Fantasie einsetzen. Alles, was ich Ihnen hier präsentiere, ist in meinen Selbststärkungsseminaren bereits von anderen Frauen und Männern erprobt und als hilfreich bestätigt worden. Den Praxistest haben die Balancierkursinhalte also schon bestanden.

Als gutes Vorbild und Identifikationsfigur unterstützt Sie hier ANNA, unsere fiktive Kursbegleiterin. Stellen Sie sich ANNA als berufstätige Frau mittleren Alters vor, die mit Partner und Kind in einer deutschen Großstadt lebt. Sie ist fortgeschrittene „Balancierschülerin" und hat inzwischen für sie passende Methoden an der Hand, sich selbst zu stärken. ANNA ist übrigens auch bewährte und beliebte Begleiterin bei meinen Selbststärkungsseminaren. Sie berichtet Ihnen hier, wie sie typische, für sie schwierige Alltagssituationen gut bewältigt hat. Wenn Sie sich nun fragen, wie echt und glaubwürdig diese ANNA denn sei: Alles, was ich in ihrem Namen erzähle, habe ich selbst erlebt. Details habe ich mir jedoch bei ihren und meinen persönlichen Beiträgen erlaubt zu verändern. Aber ob ich z.B. tatsächlich so gern Cappuccino trinke wie behauptet oder doch lieber Tee, ist bestimmt nicht wichtig für Sie.

ANNAs Beiträge im Buch erkennen Sie an diesem Symbol

Auch diese weiteren Symbole sollen Ihrer Orientierung dienen:

Anregung zu Bewegung oder Körpererfahrung

Denkanstoß, Selbstreflexionsübung, mentale Entspannungsübung

Tipp, persönliche Empfehlung

Anregung, sich Notizen zu machen oder etwas durch eine Zeichnung festzuhalten

Rückblick auf das jeweilige Kapitel

Zum Weiterlesen, Quellen

Mit ANNAs Hilfe möchte ich Sie anleiten und ermutigen, neugierig Ihre inneren Kraftquellen zu erkunden und auch einzusetzen.

Willkommen im Balancierkurs für Ihre Seele!

„Ganz ruhig"

oder

Grundlagen

des entspannten

Balancierens

Nehmen wir an, Sie möchten Balancieren lernen oder Ihre Fähigkeiten darin verbessern. Ich meine jetzt wirklich das körperliche Balancieren auf einer Wippe, einem Balken oder über einen Steg – mit wackeligen Beinen und Angst vor dem Abrutschen. Darin wollen Sie souveräner werden. Dann würde ich als Balancierlehrerin Ihnen ein Trainingsprogramm anbieten, das Ihnen zeigt,

- wie Sie eine für sich angenehme, stärkende Übungsumgebung finden
- wie Sie sich gut aufwärmen
- wie Sie sich aufrecht halten
- warum Ihnen Lächeln hilft, stabil zu bleiben
- wie Sie Ihren Atem zur Unterstützung einsetzen
- wie Sie sich nach dem Training gut dehnen und entspannen
- warum Üben wichtig ist, und wie Sie es am besten durchführen.

Das klingt für sportliches Training vernünftig, oder? Und dasselbe hilft Ihnen auch für Ihren inneren Balancierkurs! Genau so ist dieser erste Teil des Buches aufgebaut, in dem ich Ihnen die Grundlagen entspannten Seelenbalancierens erläutern möchte.

Statt „Ganz ruhig" könnte der Titel auch „Gaaaanz ruhig" lauten, mit beruhigender, liebevoller Stimme gesprochen, als würden Sie ein Kind an der Hand führen und bei seinen ersten Balancierversuchen begleiten.

Apropos Balancierversuche: Wie lange haben Sie das schon nicht mehr gemacht? Hier eine Anregung dazu:

Balancieren auf der Teppichkante
Nicht nur für die Seele, sondern auch für den Körper kann ich Balancieren wirklich empfehlen: Es macht auf spielerische Weise Spaß und schult dabei auch noch Koordination und Konzentration. Keine Sorge – ich schicke Sie jetzt nicht hoch aufs Seil. Am einfachsten probieren Sie es ebenerdig. Teppichkanten oder Holzdielenränder sind prima geeignet und zudem ohne jedes Risiko.
Ich selbst balanciere manchmal auf einem Spielplatz im Englischen Garten in München. Es gefällt mir, auf den extra dafür vorgesehenen, stabilen Balken Seiltänzerin zu spielen,

mit seitlich ausgestreckten Armen. Eine echte Herausforderung ist es für mich, mit geschlossenen Augen oder rückwärts zu gehen. Dabei bin ich vollkommen auf die Wahrnehmung des Holzes unter meinen Füßen konzentriert.

Was haben diese Teppichkanten- und Spielplatzerfahrungen mit
Selbststärkung zu tun? Wir brauchen zum sicheren Balancieren
genau die Fähigkeiten, die uns auch im „richtigen Leben" helfen,
gelassen zu bleiben: spielerisches Herangehen mit fantasievollem
Rollenwechsel („Seiltänzerin im Zirkus" oder „Mann auf dem
Hochseil, der zwischen Hochhäusern balanciert"), aufrechte Haltung, Konzentration auf das gerade Wesentliche unter Ausblen-
dung von Störfaktoren, unterstützender Einsatz von Atmen und
positiven Gedanken. Außerdem tut das Erfolgserlebnis schlichtweg gut! In späteren Abschnitten des Buches werden Ihnen all die
genannten Punkte ausführlicher wieder begegnen.

1. Die stärkende Umgebung oder Wie Sie sich mithilfe Ihrer fünf Sinne Gutes tun können

Haben Sie sich schon einmal überlegt, wie Ihnen Ihre räumliche Umgebung Kraft abziehen oder auch geben kann? Wie Sie sich durch Dinge, mit denen Sie sich täglich umgeben, schwächen oder stärken können?

Begleiten Sie mich bei einem Gedankenexperiment, bei dem wir wieder vom Bild des Balancierkurses ausgehen: Wie würde denn ein Übungsraum aussehen, der Ihnen Kraft abzieht und in dem Sie sich überhaupt nicht wohlfühlen? Ich vermute, ungefähr so: Der Weg dorthin ist weit und beschwerlich, die Umgebung laut, trist und hässlich. Es riecht schlecht, vielleicht nach Müll. Der Raum liegt im Kellergeschoss, ist dunkel, ohne Tageslicht. Die Temperatur ist Ihnen unangenehm, zu warm oder zu kalt, die Gegenstände, Materialien und Farben gefallen Ihnen nicht. Sie möchten nichts anfassen ... Der Krach anderer Leute lässt Sie keine Ruhe für sich finden. Wie oft würden Sie dorthin zum Trainieren gehen? Einmal und nie wieder!

Wo würden Sie denn stattdessen am liebsten üben? Doch bestimmt – wenn nicht in der Natur – in einem Raum, in dem Sie sich sicher fühlen und der Ihnen angenehm ist. Er soll so eingerichtet sein, dass Sie sich wohlfühlen können. Mit Farben, Stoffen, Düften und Musik, die Sie mögen und die Ihnen guttun. Ich verrate es Ihnen hier vorab: Am Ende des ersten Teils dieses Buches, nämlich in Kapitel 7 auf Seite 76, werden Sie sich Ihre ideale Übungs- und Wohlfühlumgebung als Fantasiereise gedanklich selbst schaffen. Hier leisten Sie die Vorarbeiten dazu. Und dafür nutzen Sie Ihre reale Wohnumgebung.

Genuss mit allen Sinnen

Können Sie spontan sagen, was Sie gern um sich haben und was Ihnen guttut? Bestimmt müssen Sie darüber ein bisschen nachdenken. Gehen Sie dafür von Ihrem Zuhause aus. Für die meisten Menschen gilt: *My home is my castle.* Wir fühlen uns daheim geschützt, umgeben von unseren Lieblingsdingen. Selbstverständlich können Sie die folgende Nachdenkübung auch nur in Gedanken machen. Ich empfehle Ihnen jedoch das Aufschreiben – damit Sie nachlesen, ergänzen und sich Vorhaben notieren können. Wir kommen später im Buch darauf zurück.

Was tut mir gut?

Jetzt brauchen Sie einen Stift und Papier – und Ihre Wohnung. Sie sollten sich dafür Ihre eigenen Dinge bewusst anschauen, anfassen, beschnuppern und anhören. Sie merken schon, es geht hier um Ihre Sinne.

Bitte tragen Sie Folgendes zusammen, gern auch jeweils mehrere Teile:
- etwas in einer Farbe, die Sie mögen
- etwas, das Sie gern anfassen oder in der Hand halten
- etwas, das Sie gern riechen
- etwas, das Sie besonders gern essen oder trinken
- etwas, das Sie gern hören und Sie anregt/aufmuntert
- etwas, das Sie gern hören und das Sie beruhigt
- und falls Sie so etwas haben: Selbstmassagegeräte wie Igelball, Kopfkrauler oder Fußreflexzonenroller.

Arrangieren Sie die Dinge um sich herum, legen Sie Ihre Musik ein oder lassen Sie Ihren Gong erklingen (oder was Sie gern hören) und notieren Sie sich, was Sie Wohltuendes gefunden haben.

Geht es Ihnen gut damit? Ich wünsche es Ihnen.

Bei einem meiner Selbststärkungsseminare gebe ich diese Übung als Vorabhausaufgabe und bitte darum, die entsprechenden Dinge mitzubringen. Die Teilnehmenden berichten normalerweise, dass sie sich im Alltag viel zu selten die Zeit für solche Überlegungen nehmen. Und sie sind immer ganz begeistert vom „Jahrmarkt der Sinne", in dem sie dann einander all das präsentieren, was ihnen wichtig ist. Die Lieblingsstücke spiele ich auf dem CD-Spieler an, wir schnuppern, befühlen, vergleichen Farben, probieren Schokolade und andere Leckereien ... Einmal hat zur allgemeinen Erheiterung ein teilnehmendes Paar sogar erklärt, dass sie sich beide gegenseitig als das mitbringen, was sie gern anfassen. In den Seminaren haben wir schon die ungewöhnlichsten Dinge bestaunt: Leder (zum Streicheln, von einer Buchbinderin), frisch gedruckte Buchseiten (zum Riechen, von einer Leseratte), Erdäpfelkas (ein niederbayerischer Brotaufstrich aus Kartoffeln und Sahne, allerdings nur beschrieben und nicht mitgebracht), Musik von AC/DC bis zu kretischen Gesängen – und natürlich Dinge in allen Farben des Regenbogens. Es ist eben sehr unterschiedlich und individuell, was uns guttut!

Emotionales Gedächtnis

Warum sind *Sinnesempfindungen* so wichtig zur Selbststärkung? Über unsere Sinne nehmen wir unsere Umgebung wahr. Diese Eindrücke, was wir sehen, hören, schmecken, riechen, spüren, werden über unsere Nervenbahnen an unser Gehirn gemeldet. Dort sitzt das Gefühlsgedächtnis, das sogenannte *emotionale Gedächtnis*. In ihm werden die Sinneswahrnehmungen mit Erinnerungen und Erfahrungen verglichen. Und wenn dieser blitzschnelle Vergleich zum Ergebnis „angenehm, positiv, sicher" führt, gibt Ihr Gehirn das Signal „Entspannen, wohlfühlen!" und löst entsprechende Körper- und Gefühlsreaktionen aus. Das hängt alles sehr eng zusammen.

Wenn Sie z.B. mit Vanilleduft angenehme Kindheitserinnerungen an „Omi backt mit mir" verbinden, hat Vanille gute Chancen, bei Ihnen ein Lächeln und gute Gefühle hervorzurufen. Kennen Sie den Animationsfilm „Ratatouille"? Ich finde sehr anschaulich, wie dort gezeigt wird, dass wir durch Duft und Geschmack in Erinnerungen zurückkatapultiert werden können: Ein verknöcherter Restaurantkritiker wird durch das vermeintliche Bauerngericht Ratatouille an seine Kindheit in der Provence erinnert, in der seine Mutter ihn damit getröstet hat. Das erweicht sein Gemüt, und das schlichte Essen wird für ihn zur Delikatesse.

Der Mechanismus funktioniert allerdings auch in die Gegenrichtung: Sind Ihre Sinneswahrnehmungen vom Gefühlsgedächtnis mit negativen Erinnerungen gekoppelt, erhalten Sie das Signal „Warnung, Gefahr, Stress!". Falls Sie also mit Vanille Unangenehmes verbinden, löst der Geruch bei Ihnen Abwehr oder gar Ekel aus. Das Signal selbst ist neutral, wird aber unbewusst individuell unterschiedlich bewertet und interpretiert. Nehmen wir als zweites Beispiel Feuer: Wer schon einmal einen Brand erlebt hat, gerät in Panik oder zumindest in Stress, wenn das Gehirn den Geruch, den die Nase liefert, als „Feuer" identifiziert und „Alarm!" schlägt. Wer gesellige Lagerfeuerabende oder romantische Kaminszenen damit verbindet, empfindet wohlige Gefühle dabei. Wenn Sie also Ihre Umgebung stärkender und wohltuender gestalten möchten, sollten Sie die Wahrnehmung über Ihre Sinne immer einbeziehen. Dafür hilft es Ihnen, wenn Sie genau wissen, was Ihre ganz individuellen Vorlieben sind und was bei Ihnen angenehme Gefühle auslöst.

Die Sinne schärfen

„Ich sehe was, was du nicht siehst, und das ist …" Machen Sie dieses Kinderspiel mal mit sich selbst: nur die blauen Dinge sehen, nur alles Grüne etc. Sie werden überrascht sein, welche Details Sie plötzlich entdecken! Für die anderen Sinne empfehle ich: Die Augen schließen und hinhören, wie Ihre Wohnung und Ihr Wohnumfeld klingen. Erstaunlich, was man normalerweise ausblendet, oder? Essen oder Getränke ganz bewusst zu sich nehmen: daran schnuppern, die Farben anschauen, die Konsistenz beachten und den jeweiligen Geschmack aufnehmen. Vielleicht finden Sie sogar heraus, in welchen Bereichen Ihre Zunge süß, salzig, sauer, bitter und scharf wahrnimmt? Barfuß in der Wohnung gehen und spüren, wie unterschiedlich, auch von der Temperatur her, Holz, Teppich, Fliesen sich anfühlen. Oder barfuß im Garten, im Park, am Strand …

Sinnesvorlieben und Vorliebenbiografie

Unsere Vorlieben sind nicht nur sehr individuell, sie ändern sich oft auch im Laufe eines Lebens. An meinen folgenden persönlichen Schilderungen können Sie das gut nachvollziehen. Lassen Sie sich von meinen Erfahrungen in Bezug auf die fünf Sinne anregen, Ihre eigene Vorliebenbiografie zu überdenken!

Sehen: Ich liebe Farben! Bei Kleidung habe ich da eine im wahrsten Sinn des Wortes kunterbunte biografische Entwicklung durchlaufen: Von Farben, die meine Mutter für mich als Kind ausgesucht hat, über verschiedene Modefarben bis hin zum mich vermeintlich cool (in Wirklichkeit vermutlich nur blass) aussehen lassenden Schwarz war alles dabei. Eine Entscheidung, die tatsächlich mein Leben geändert hat, war es, mir mit Ende zwanzig eine Farbberatung zu gönnen. (Dazu mehr im nächsten Tipp.) Wer mich kennt, verbindet mich schon lange mit den verschiedenen Lilavarianten, die ich besonders gern trage. Meine Zuneigung zu bestimmten Farben, die mir nicht stehen, z.b. ein warmes Sonnengelb, lebe ich am Arbeitsplatz mit Dekorationsgegenständen und daheim mit Textilien, wie Handtüchern, aus.

Aber für meine Selbststärkung über den Sehsinn spielen nicht nur die Farben eine Rolle: Unsere Wohnung ist geschmückt mit vergrößerten, selbst geknipsten Fotos und mit von unserem Kind gemalten Bildern. Inzwischen kommt mir die moderne Technik zugute: Als Handy- und Bildschirmhintergrund, auch in der Arbeit, verwende ich eigene Naturaufnahmen, die ich je nach Jahreszeit wechsle. Im Frühling lacht mich dann z.b. vom PC der Fliederbusch an. Schon immer mochte ich Pflanzen um mich. Daheim und im Büro habe ich viele leicht zu pflegende Grünpflanzen, die Auge, Lunge und Seele guttun. Ein paar halten es schon über ein Vierteljahrhundert bei mir aus und sind inzwischen riesengroß. Meine tägliche Freude von Mai bis Oktober ist unser bunt bepflanzter kleiner Balkon.

Hören: Als Jugendliche und junge Erwachsene habe ich viel Musik gehört. Sowohl um meine Stimmungen damit zu begleiten als auch wegen mancher Liedtexte waren mir meine Platten sehr wichtig. Seit ich Familie habe, haben sich meine Hörgewohnheiten verändert: Morgens brauche ich das Radio, um durch Musik, die mich zum Mitwippen bringt, munter zu werden – gern auch mit Jugenderinnerungen.

Als gute Unterhaltung bei Küchenarbeiten gönne ich mir Hörbücher mit angenehmen Stimmen. Hören – Stimmen – Sprache: Mich macht es schlichtweg froh, das melodiöse Italienisch zu hören und auch zu sprechen. Deswegen lerne ich es, weniger wegen der praktischen Verwertbarkeit. Ein Geräusch, das mich regelmäßig zum Lächeln bringt, ist mein Handyklingelton: Ich habe ein Lied, das unser Kind singt, aufgenommen. Und in letzter Zeit probiere ich unterschiedliche Entspannungsmusik aus, dank Stadtbücherei nahezu kostenlos. Für die Stadtmenschen unter uns gibt es sogar CDs mit Naturgeräuschen: Vogelgezwitscher, Blattrauschen, Wasserfall ... Haben Sie sich schon einmal Gedanken darüber gemacht, welche Art von Musik und welche Geräusche Ihnen so richtig guttun?

Schmecken: Im Laufe meines Lebens habe ich mein Geschmacksspektrum deutlich erweitert. Als Kind war ich ziemlich wählerisch. Was geblieben ist, ist meine Vorliebe für Knuspriges: Brotenden, Braten- und Lasagnekrusten etc. Meine absolute Leibspeise seit vielen Jahren ist eine knusprige Butterbreze, die bei mir regelrecht Glücksgefühle auslösen kann. (Da geht es anderen ähnlich: Deutsche Freunde, die in einem anderen Erdteil leben, haben mir erzählt, dass ein Butterbrot, das sie ja selten bekommen, für sie Glücksquell und Heimatgefühl zugleich sein kann.) Eine ziemlich neue Vorliebe von mir ist dagegen Cappuccino, er ist für mich mehr Lebensmittel als Getränk – unbedingt mit einem Stück dunkler Schokolade. Ich kann mir gar nicht mehr erklären, wie mir früher süße Milchschokolade schmecken konnte. Bei Warmgetränken bin ich im Laufe der Zeit von Früchtetees auf Roibuschtees umgestiegen; beide sehen farblich schön aus, duften gut und schmecken mir. Und bei Wasser, von dem ich viel trinke, hat sich mein Geschmack von „mit Kohlensäure" inzwischen auf „komplett still" verändert. Haben sich auch Ihre Geschmacksvorlieben öfter mal geändert?

Riechen: Als Jugendliche trug ich nach meinen heutigen Maßstäben ziemlich dick mit Düften auf: Ich hatte verschiedene Duftöle als Parfüm, unter anderem Pfirsichöl und Patschuli, und habe mein Zimmer regelmäßig mit Räucherstäbchen eingenebelt. Nach einigem Rumprobieren fand ich als Erwachsene „mein" Parfüm, das ich seit Jahren sehr angenehm finde. Hin und wieder tagsüber an meinem Handgelenk schnuppern tut mir gut. Damit helfe ich mir auch, wenn die Außenwelt gerade nicht gut riecht. Seife, Duschgel und Hautmilch mag ich gern mit dezentem Duft, möglichst Lavendel. Das ruft schöne Urlaubserinnerungen bei mir hervor. Mein Kollege ist einverstanden, dass ich im Winter in unserem gemeinsamen Büro eine Duftlampe mit einer uns angenehmen Duftölmischung verwende. Und im Sommer pflanze ich immer ein paar duftende Blumen (z.b. Steinkraut und natürlich meinen geliebten Lavendel) und Kräuter (z.b. Basilikum, Rucola und Minze, die alle wunderbar riechen, wenn man daran reibt) auf unseren Balkon. Wenn ich Zeit dafür finde, werde ich mich mit Aromatherapie beschäftigen, um zu lernen, wie man mit ätherischen Ölen die Gesundheit und die gute Laune unterstützen kann. Haben Sie schon Erfahrungen damit gemacht?

Fühlen: Auch bei meiner Vorliebe für Stoffe stelle ich eine Entwicklung fest: Naturmaterialien mochte ich schon immer. Aber seit ich mir einen Kaschmirpullover leisten konnte, kann ich nicht mehr zur vergleichsweise groben Schafswolle zurück. Streichelweich, warm, leicht – eine für mich unschlagbare Kombination. Das ist wohl ein ähnlicher Effekt wie der, den das Streicheln von Tieren auf manche Menschen hat. Dies soll sogar die Immunabwehr erhöhen. Eine relativ neue Errungenschaft für mich ist Selbstmassage: Im Qigongunterricht durfte ich lernen, Hand-, Fuß-, Gesichts- und Ganzkörperklopfmassage bei mir selbst anzuwenden. Dabei werden auf einfache Weise Energiepunkte aktiviert, ähnlich wie bei Akupressur oder Akupunktur. Seitdem ich von diesem Energiefluss weiß, massiere ich z.b. meine Körperlotion viel bewusster ein. Und einen stacheligen Igelball aus Gummi, einen Kopfkrauler aus elastischen Metallstäbchen und einen Fußreflexzonenroller aus Holz nehme ich ebenfalls hin und wieder gern zur Hand, um mich zu aktivieren.

Farbberatung

Um sich selbst dauerhaft etwas Gutes zu tun, kann ich allen Frauen und Männern nur empfehlen, den eigenen Farbtyp analysieren zu lassen. Man erfährt dadurch, welche Ausprägungen der Farben Rot, Blau etc. innerhalb der Farbpalette für einen die günstigsten sind. Ich bin ein sogenannter Sommertyp, daher sind dies bei mir pudrige, kühle Töne. Meine typgerechten Farben habe ich im Laufe der Jahre immer weiter konsequent auf Kleidung, Schuhe, Schals und Tücher, Schmuck, Brillengestell, sonstige Accessoires und Make-up angewendet. Heute passt alles in sich gut zusammen, gefällt mir und steht mir. Immer wieder stoße ich auf Menschen, die mir bestätigen, wie gut ihnen ihre Farben tun, wie gestärkt sie sich dadurch fühlen und wie positiv die Wirkung auf ihre Umwelt ist. Durch bewusste und stimmige Farbwahl, nicht nur bei Kleidung, drücken Sie für Außenstehende viel von Ihrer Persönlichkeit aus und gewinnen dadurch an Ausstrahlung.

Nun fragen Sie sich vielleicht, wie Sie, außer mit dekorativer Gestaltung rund um den Schreibtisch, Ihre Genussvorlieben kreativ in einer Arbeitssituation anwenden können. Ich möchte Ihnen dazu anhand von zwei weiteren persönlichen Beispielen erzählen, womit ich selbst sehr gute Erfahrungen gemacht habe: Über Schriftauswahl und über Gestaltung mit „meinen" Farben versuche ich für mein Einfrauunternehmen bei Visitenkarte, Seminarprospekten und Homepage mehr als reine Sachinformation zu transportieren. Regelmäßig habe ich das angenehme Gefühl „Das ist total Meins!" und erfreue mich immer wieder daran.

Parallel zum Schreiben dieses Buches eröffnete ich für einen begrenzten Kreis von Freundinnen eine Art Newsletter, also einen regelmäßigen E-Mail-Rundbrief. Dadurch erfahren meine Unterstützerinnen Neuigkeiten und können meinen Schreibprozess begleiten, mich ermutigen, mir ihre Einschätzungen mitteilen etc. Es wird Sie nicht wundern, dass ich als Hintergrundfarbe für diesen Brief ein zartes Lila gewählt habe. Und auch ein für mich passender Name fiel mir schnell ein: „Lavendelschokolade". Erst im Nachhinein wurde mir klar, wie viele Sinnesvorlieben ich da auf einen Schlag kombinierte: Lavendel ist für mich als Farbe (Sehen) und Duft (Riechen) köstlich. Er erinnert mich an schöne Urlaube und unseren Balkon. Schokolade ist meine tägliche Köstlichkeit (Schmecken). Die Schrift, die ich auswählte, spricht mich sehr an und erfreut meine Augen (Sehen). Jedes Mal, wenn ich mich mit dem Rundbrief beschäftige, der ja immer um Arbeitsinhalte geht, fühle ich mich durch diese Anregungen wohl und gestärkt.

So viel über mich. Jetzt sind aber endlich Sie dran!

Meine Sinnesvorlieben: Biografie und Vorhaben
Haben Sie sich von mir inspirieren lassen und sich Gedanken zu Ihrer persönlichen Vorliebenbiografie gemacht? Dann schreiben Sie sie jetzt bitte auf, am besten nach den fünf Sinnen sortiert. Ist Ihnen ein Bereich der liebste, so wie mir das Sehen und dabei vor allem die Farben? Wo hat sich bei Ihnen eine Vorliebe im Laufe der Jahre verändert? Was ist neu dazugekommen, was mögen Sie gerade ganz besonders gern?
Überlegen und notieren Sie nun im zweiten Schritt, wie Sie Ihre bisher hier gesammelten Erkenntnisse über Ihre Sinnesvorlieben stärkend in Ihrer Alltagsumgebung einsetzen können, daheim und am Arbeitsplatz. Vielleicht haben Sie durch meine persönlichen Berichte sogar ein paar Ideen zu Einsatz- und Gestaltungsmöglichkeiten von Sinnesvorlieben erhalten. Wovon könnten Sie sich wie, wann, wo und wie viel mehr verschaffen? Was nehmen Sie sich vor?

Unsere Sinne sind jedoch nicht immer nur ein Quell der Freude. Negative Sinneseindrücke, z.B. zu starker Parfumduft oder gar Gestank, können uns auch ganz schön zu schaffen machen. ANNA, unsere Kursbegleiterin, erzählt Ihnen in ihrer ersten Selbststärkungsgeschichte, wie sie mit einer solchen Situation konstruktiv umgegangen ist – und dabei fast schon „übers Ziel hinausschoss".

Beleidigte Sinne
Normalerweise radle ich in die Arbeit, eine meiner täglichen kleinen Freuden. An dem Tag, von dem ich erzählen möchte, war ich jedoch seit Langem einmal wieder im Stoßverkehr mit der U-Bahn unterwegs. Ich fühlte mich von Anfang an unwohl: so viele Menschen so eng aufeinander ... Wegen der Termine, die vor mir lagen, war ich etwas angespannt. Vielleicht waren meine Sinne deswegen besonders sensibel und leichter als sonst zu beeindrucken. Was ich dort Unangenehmes hören, riechen und sehen musste, hat jedenfalls bei mir regelrecht Ekelgefühle ausgelöst. Ich mag die Einzelheiten hier gar nicht genauer ausführen.

Um diese widerlichen Eindrücke auszublenden, schloss ich die Augen und richtete meine Aufmerksamkeit ganz nach innen. Ich legte mir gedanklich meinen persönlichen Schutzumhang um, einen dünnen, geschmeidigen Mantel. Er ähnelt in meiner Vorstellung Harry Potters Tarnumhang: Er ist wie aus gesponnenem Wasser. So geschützt ging ich in Gedanken durch meinen Fantasiegarten. Dort besuchte ich die Quitte, den Kletterbaum meiner Kindheit. Der Duft der Rosen in meinem Gedankengarten begeistert mich immer wieder. Ich weiß noch genau, wie ich während der Ansage „Goetheplatz" lächeln musste, weil ich so entspannt mit geschlossenen Augen dastand – und die Vorstellung, wie das für andere aussehen mochte, verstärkte mein Lächeln sogar noch. Die nächste Durchsage lautete „Poccistraße". Erst da wurde mir klar, dass ich vor lauter Entspannung eine Station zu weit gefahren war ...

Was hat ANNA erlebt? Sie war wegen bevorstehender Arbeitstermine nervös und dünnhäutig. Deswegen machte ihr vieles etwas aus, das sie im entspannten Zustand nicht so sehr gestört hätte. Mit ihren Sinnen nahm sie gleich drei Arten von Reizen auf – Geräusche, Gerüche, Anblicke –, die von ihrem emotionalen Gedächtnis als unangenehm eingestuft wurden. Die Ekelgefühle, die damit ausgelöst wurden, brachten ANNA in Stress. Davonlaufen war in dieser Situation nicht möglich. Ihre Flucht, die zugleich ein aktiver Akt der Selbststärkung war, ging nach innen. Dafür legte sie bewusst ihre persönliche Version eines inneren Schutzschildes um und kombinierte ihn mit einer kleinen Fantasiereise in ihren inneren Garten. Die dadurch von ihrem Gehirn veranlasste Entspannung spürte sie an ihrem Lächeln, was wiederum über das Bodyfeedback ihre gute Laune steigen ließ. Die störenden Reize traten in den Hintergrund. ANNA war ihrer Umwelt letztlich sogar so entrückt und so sehr mit sich beschäftigt, dass sie übersah, rechtzeitig auszusteigen.

Innerer Schutzschild, Fantasiereise, Entspannungsreaktionen, Bodyfeedback – falls Sie darüber mehr erfahren möchten: In der Schule hätte man gesagt „Das kriegen wir alles später noch genauer".

Rückblick auf dieses Kapitel

• Sie kennen jetzt den Zusammenhang zwischen Sinnesreizen, Sinnesempfindungen, emotionalem Gedächtnis und Gefühlen.
• Sie haben überlegt und festgehalten, was Ihnen ganz persönlich auf der Sinnesebene guttut, was Sie stärkt und unterstützt.
• Sie haben Ihre eigene Vorliebenbiografie überdacht und sich Ideen notiert, wie Sie sich in Ihrem privaten und beruflichen Umfeld mehr Wohltuendes gönnen wollen.
• ANNAs Geschichte von der U-Bahn-Fahrt hat Ihnen gezeigt, wie Sie sich z.b. durch eine kleine Fantasiereise in einer Situation helfen können, in der Ihre Sinne negativ berührt werden.

Zum Weiterlesen

In diesem Abschnitt am Ende jeden Kapitels gebe ich Ihnen, geordnet nach Themenbereichen, weiterführende Lesetipps. Das ausführliche Literaturverzeichnis finden Sie hinten im Buch.

Emotionales Gedächtnis:
Falls Sie zu den Hirnfunktionen rund um das Gefühlsgedächtnis recherchieren wollen, sind Ihre Stichworte „Amygdala/Mandelkern" und „Limbisches System". Seriös und hilfreich erscheint mir die wissenschaftlich betreute Website *www.dasgehirn.info* mit entsprechenden Aufsätzen.

Farben:
Wenn Sie mehr über die Farbtypen, die Wirkung von Farben und die Möglichkeiten von Gestaltung mit Farben erfahren wollen: Ich kann Ihnen die Bücher der Sozialwissenschaftlerin und Farbberaterin Karin Hunkel empfehlen, z.B. *Die Kraft der Farben. Ganzheitliche Farbberatung.* Anregend finde ich das schön gestaltete Buch von Regina Först: *Ausstrahlung. Wie ich mein Charisma entfalte,* das unter anderem persönliche Farben behandelt.

Selbstmassage:
Mir gefällt, wie im Buch *Massage für Körper und Geist* von Monica Roseberry anschaulich anhand von Fotos auch Hand- und Fußmassage erläutert wird.

2. Aufwärmen oder Was wärmt Sie von innen und hält Sie elastisch?

Um fit zu sein und gut arbeiten zu können, braucht Ihr Körper hochwertige Ernährung und genug Flüssigkeit. Außerdem sollten Sie sich wie vor jedem körperlichen Training auch vor dem Balancieren aufwärmen, damit Ihre Muskeln und Sehnen gut vorbereitet sind.

Auf das Seelenbalancieren übertragen bedeutet das: Sie sollten wissen, wie Sie sich innerlich nähren, wärmen und elastisch halten können. Jedoch das Wissen allein genügt nicht – Sie sollten aus diesen Wärme- und Energiequellen auch regelmäßig schöpfen.

Es können die unterschiedlichsten Erlebnisse mit Menschen, Tieren und Natur, die unterschiedlichsten Aktivitäten, Erinnerungen, Gedankenbilder, Orte und Dinge sein, die Ihnen persönlich helfen, in innere Balance zu kommen oder dort zu bleiben. Wenn Sie sich in guten Zeiten einen Vorrat davon anlegen, können Sie davon in schlechten Zeiten zehren. So wie Frederick, die Maus aus dem gleichnamigen Bilderbuchklassiker von Leo Lionni: Während alle anderen Feldmäuse für die Gemeinschaft Körner, Nüsse, Weizen und Stroh sammeln, sammelt Frederick Sonnenstrahlen, Farben und Wörter. Damit verschafft er sich und den anderen Mäusen einen Vorrat an Seelenfutter für kalte, lange und graue Wintertage, als die Nahrungsmittel schon knapp werden.

Energiespender und Energieräuber

Energiespendende Tätigkeiten liegen für viele Menschen eher außerhalb ihrer Arbeitswelt. Damit ist jedoch wesentlich mehr und qualitativ anderes als „Freizeitbeschäftigung", „Hobby" und „Zeitvertreib" gemeint.

Wir Menschen als Wesen, die nach Sinn und Entwicklung stre-
ben, können uns Vitalität und Energie zuführen, indem wir – und
das ist bestimmt keine vollständige Liste –

- uns die nötige Anregung oder Entspannung als Ausgleich zum
  Alltagsallerlei verschaffen
- unsere Talente und Leidenschaften leben
- alte und neue Lieben und Träume pflegen
- uns Spaß, Vergnügen, Lachen, Leichtigkeit erlauben
- spielerische, kreative, fantasievolle Seiten ausleben
- unsere Sinne anregen
- uns hin und wieder pure Unterhaltung und manchmal auch
  Nichtstun und Faulenzen genehmigen
- neue oder altvergessene Rollen ausprobieren
- herausfinden, wo wir unsere Werte leben können
- uns für andere und mit anderen für die Gestaltung der
  Gemeinschaft einsetzen.

Es geht hier also um Fragen wie: Wer oder was tut Ihnen richtig
gut? Wo können Sie Kraft und Lebensfreude tanken? Wir möchten
unseren Körper fürs Balancieren nähren und aufwärmen, und
eben dafür benötigen wir diese zusätzliche „Nahrung", die wir uns
überraschend einfach mithilfe der oben genannten Beispiele
selbst verschaffen können.

Aber was genau in uns braucht denn eigentlich Energie und Kraft-
zufuhr? Es gibt die klassische philosophische Dreiteilung des
Menschen in *Körper, Geist* und *Seele.* Die Definitionen von Geist
und Seele werden von den verschiedenen religiösen und weltan-
schaulichen Richtungen seit Jahrtausenden unterschiedlich dis-
kutiert, ich jedoch verwende hier die Begriffe nach unserem allgemeinen Sprachgebrauch. Bezogen auf unsere Aufwärmthematik
benötigen wir somit Energie für den Körper, das Physische, Energie für den Geist, also das Denken, den Intellekt und Energie für
die Seele, also die Gefühlswelt, die Psyche. Im Idealfall nähren wir
alle drei Anteile. Das „Futter" kann z.B. durch gesundes Essen und
ausreichend Schlafen als Basis für einen funktionierenden Körper,
regelmäßige Pausen und anregende Lektüre für einen frischen
Kopf sowie Lieblingsbeschäftigungen für gute Gefühle erfolgen.

Meines Erachtens greift diese Aufspaltung „Dies tue ich für x
und jenes für y" jedoch zu kurz. Der Mensch ist ein ganzheitliches

Wesen, bei dem Körper, Geist und Seele eng zusammenspielen und sich gegenseitig beeinflussen. Daher stärken uns Aktivitäten, bei denen wir auftanken, meist in zwei bis drei Dimensionen gleichzeitig.

Dies möchte ich Ihnen anhand einer Reihe von Beispielen verdeutlichen, die Teilnehmerinnen und Teilnehmer meiner Seminare als ihre „Energietankstellen" genannt haben. Ich ordne sie den drei Dimensionen zu:

- Chorsingen: Stimme, Atmung, Gehör (*Körper*); Notenlesen, Aufmerksamkeit (*Geist*); Geselligkeit, Freude (*Seele*)
- Abendessen mit Freunden und Freundinnen: wohltuende Speisen und Getränke (*Körper*); gute Gespräche, Anregungen (*Geist*); Freundschaftsgefühle (*Seele*)
- Tischkickern: Auge-Hand-Koordination, Ausdauer (*Körper*); Konzentration, schnelle Beobachtung (*Geist*); Spaß, Wettkampf, Geselligkeit, bei Gewinn Stolz und Anerkennung (*Seele*)
- im Garten arbeiten: Bewegung an frischer Luft (*Körper*); bewusste Gestaltung (*Geist*); Naturerlebnis, Freude an Farben, Düften und Ernteerfolgen (*Seele*)
- Schlafanzugtag daheim: Entspannung (*Körper* und *Geist*); faulenzen, Kindheitsgefühle, Zeit und Alltag vergessen dürfen (*Seele*)
- ehrenamtlich vorlesen in Kindergarten oder Altenheim: Vorbereitung der Texte (*Geist*); sinnhaftes Tun, gelebte Werte, anderen Freude bereiten macht Freude (*Seele*).

Wie schon bei der Genussbiografie gilt auch hier: Jeder Mensch hat seine ganz individuelle Vorliebenmischung! Für viele wäre ein Rockkonzert Stress pur, eine romantische Komödie seichte Zeitverschwendung, ein Waldlauf viel zu anstrengend oder eine Qigongstunde öde. Und andere können sich zum Auftanken kaum etwas Schöneres vorstellen. Aus dem Fenster gucken ist für den einen Menschen stumpfer Ausdruck von Langeweile, für einen anderen ein bewusster Akt der Kontemplation oder auch der Naturbeobachtung.

Sogar innerhalb ein und derselben Person kann jeder Energiespender sich unter bestimmten Bedingungen in einen Energieräuber verwandeln: Wenn man sich zu einseitig mit etwas beschäftigt und keinen Ausgleich mehr in anderen Lebensbereichen herstellt, wenn Disharmonien im Freundeskreis oder in der Familie aufkommen, wenn sich Misserfolgserlebnisse einstellen, wenn man zu sehr dem süßen Nichtstun frönt und eigentlich Aktivsein bräuchte, wenn man Suchtverhalten entwickelt und negative Folgen an Körper oder Zeitreserven feststellen muss ... Hier geht es jedoch um die positive Variante Ihrer Energietankstellen.

Anregungen zum Auftanken und Entspannen

Nun möchte ich Ihnen in einem persönlichen Beispiel zeigen, wie man mit einfachsten Mitteln zugleich dem Kopf und der Seele wohltuende Nahrung bieten kann:

Kraftbüchlein
Eine Freundin hat mir ein kleines, leeres Buch geschenkt, das sie eigens für mich in einen sehr schönen Umschlag in meinen Lieblingsfarben gebunden hat, sogar mit Lesebändchen. (Buchbinden ist ihr Hobby, bei dem sie komplett vom Alltag abschalten kann.) Ich schaue und fasse es gern an. Seitdem ich entschieden habe, wofür ich es verwenden mag, ist sein Wert für mich noch gestiegen: Es ist mein „Kraftbüchlein". Darin sammle ich Weisheitssprüche, die mir aufgefallen sind, und schöne Sätze aus Briefen lieber Menschen. Wichtige Erkenntnisse, die ich über mich und mein Leben gewonnen habe, z.B. in Fortbildungen oder durch Lektüre, trage ich mit Datum ein. Ich beschrifte zunächst nur die rechte Seite. So habe ich links Platz, um später Kommentare oder Ergänzungen hinzuzufügen. Wenn ich Impulse brauche, blättere ich in meinem Kraftbüchlein und finde garantiert etwas, das mich aufbaut. Dazu gehören immer wieder *Gib jedem Tag die Chance, der schönste Deines Lebens zu werden* (Mark Twain) und *Heitere Gelassenheit* (Zen-Ideal).
Mit dem Selbststärkungsblick analysiert heißt das, in mein kleines Buch gehen also nicht nur Wissensaspekte wie Zitate, sondern auch zwischenmenschliche Wohltaten ein: die Erinnerung an meine Freundin und liebevolle Briefausschnitte. Zugleich wird durch die besondere Gestaltung mein Bedürfnis nach Genuss über die Sinne angesprochen. Ich kann mein Büchlein als Kraftquelle benutzen, wenn ich eine brauche. Und glauben Sie mir: Es funktioniert wunderbar!

Wie ich mit meinem Büchlein angedeutet habe: Die Dinge, Tätigkeiten und Ereignisse, die uns guttun und uns aufbauen, müssen oft gar nicht groß und spektakulär sein. Den dazu passenden Song *My Favorite Things* gibt es in vielen Interpretationen; ich kenne die Version von Al Jarreau. Darin zählt der Jazzsänger eine Reihe seiner Lieblingsdinge auf. Unter anderem gehören Regentropfen auf Rosen, Schneeflocken auf Nase und Wimpern sowie „schnitzel with noodles" dazu. Wenn er Alltagsprobleme habe oder traurig sei, denke er an seine Lieblingsdinge, und schon gehe es ihm weniger schlecht.

Und wie steht es um Sie? Wissen Sie, was Ihre „Favorite Things" sind, die Ihnen guttun? Wie und wo Sie Ihre Batterien aufladen können? Wobei Sie Lebensfreude verspüren? Um das genauer auszuloten, schlage ich Ihnen hier wieder eine Nachdenkübung vor.

Meine Energietankstellen (Lebensfreudeliste und Vorhaben)
Bitte lassen Sie folgende Impulsfragen auf sich wirken und notieren Sie sich, was Ihnen dazu einfällt. Das ist kein Programm, das Sie von oben bis unten abarbeiten müssen. Vielmehr sollen die Fragen Sie inspirieren, Ihre ganz persönlichen Lieblingsaktivitäten und Kraftquellen zusammenzutragen – mindestens 20 sollten es schon werden.
- Was tun Sie so richtig gern? Wer oder was macht Ihnen Freude?
- Worin gehen Sie manchmal so auf, dass Sie die Zeit und alles um sich herum vergessen? Hat das mit Ihrer Arbeit zu tun oder mit Teilen davon? Mit welchen?
- Wer oder was bringt Sie zum Lachen und versetzt Sie in gute Laune?
- Wer oder was macht Sie zuversichtlich, froh, zufrieden, stolz, glücklich? Sind in Ihren Gedanken auch Erinnerungen an schöne Erlebnisse dabei?
- Mit wem fühlen Sie sich verbunden durch Zuneigung, Freundschaft, Nähe, Vertrauen, Liebe?
- Mit wem oder womit genießen Sie es, Zeit zu verbringen?

- Wobei fühlen Sie sich lebendig?
- Wer oder was verhilft Ihnen zu Entspannung? Bei wem oder wobei können Sie so richtig loslassen?

Lassen Sie Ihre Liste auf sich wirken. Fehlt etwas? Dann schreiben Sie es noch dazu.

Und nun markieren Sie bitte, was Sie schon lange nicht mehr getan haben und nun wieder öfter tun wollen. Wovon möchten Sie sich mehr in Ihr Leben holen? Welche Ihrer Kraftquellen würden Sie gern öfter oder intensiver anzapfen? Wen oder was brauchen Sie dafür? Und ganz konkret: Was nehmen Sie sich bis wann vor?

Damit es mit der Umsetzung Ihrer Vorhaben auch klappt: Lagern Sie Ihre Lebensfreudeliste samt Vorhaben am besten an einem für Sie gut zugänglichen Ort. Lesen Sie sie immer mal wieder durch, um sich zu erinnern – und um sich zugleich damit Gutes zu tun. Machen Sie Ihre Liste zu einer Ihrer Energiequellen! Ergänzen Sie sie, wenn Ihnen noch mehr schöne Aktivitäten oder wohltuende Menschen einfallen, die es verdienen, darin aufgenommen zu werden.

Meditations- und Entspannungstechniken sind altbewährte Kraftquellen. Haben Sie vielleicht damit schon gute Erfahrungen gemacht und sie sogar auf Ihrer Liste notiert? Manche Übungen funktionieren rein über Gedankenkraft, also mental; für manche Übungen wird der Körper eingesetzt, zum Teil mit minimalen Bewegungen.

Hier ein Tipp für eine *Mini-Körperübung* mit einer wärmenden Wirkung für Situationen, in denen Sie eine Sofortaktivierung gut gebrauchen können:

Ohrmassage

Hallo wach! Einen Kick wie von einem kleinen Espresso bekommen Sie in kürzester Zeit, wenn Sie Ihre Ohren massieren: gleichzeitig auf beiden Seiten mit den Daumen und Zeigefingern erst den Innenbereich, dann die Ohrrückseite, danach die Ohrläppchen und zuletzt den Ohrenrand reiben. Die Ohren werden dabei zunächst richtig heiß und bestimmt auch rot. Noch mehr aktiviert es Sie, wenn Sie abschließend die Ohren mit den Händen schnell vor und zurück schlackern oder flattern lassen. Damit können Sie bestimmt auch noch einen Ich-bringe-mich-selbst-zum-Lächeln-Erfolg verbuchen.

Und im Gegensatz zur Aktivierung jetzt etwas zur Beruhigung in aufgeregteren Momenten: Ich lade Sie zu einer *mentalen Entspannungsübung* ein, die Ihnen zu einem Gefühl wohliger Wärme und neuer Kraft verhelfen soll:

Innere Wärme- und Energiekugel

Stellen, setzen oder legen Sie sich bequem hin. Schließen Sie die Augen. Malen Sie sich nun aus, Sie haben in Ihrem Bauch, unterhalb des Nabels, eine intensiv orangefarbene Energiekugel. Sie schickt Wärme, Farbe und Kraft in alle Bereiche Ihres Körpers: in den gesamten Bauchraum, den Brustkorb, den Hals- und Kopfbereich, die Arme und die Beine, bis in die Finger- und Zehenspitzen. Nehmen Sie sich Zeit, sich in jeden Teil Ihres Körpers hineinzufühlen. Spüren Sie, wie Sie sich mit jedem Atemzug mehr mit oranger, angenehm warmer Energie füllen. Abschließend recken und strecken Sie sich, bevor Sie die Augen öffnen.
Falls sich Ihre Hände oder sogar Ihre Füße jetzt warm anfühlen, zeigt das, dass Sie sich gut entspannen konnten. Erwarten Sie jedoch nicht zu viel von sich – bei manchen Menschen dauert es eine Weile, bis sie nach regelmäßigem Üben eine Entspannung bzw. den gewünschten Effekt verspüren.

Mentalübungen wie diese brauchen wenig Zeit und können unauffällig überall eingesetzt werden. Ideal sind sie, um sich in Mini-Pausen während des Arbeitstages zu regenerieren. Ein kleiner Tipp: Notfalls geht das sogar im Waschraum. Leicht üben können Sie vor dem Einschlafen.

ANNA erzählt Ihnen nun, wie sie sich mit der „Energiekugel" gut in einer unangenehmen Alltagssituation helfen konnte:

Genervt

„Handys aus", „Bitte nur leise Gespräche im gesamten Sauna- und Ruhebereich!" – wie froh bin ich um diese Hinweisschilder in meinem Frauen-Fitnessstudio! Da gibt es unterschiedliche Bedürfnisse, ich weiß; und nicht jede hält sich an diese Regeln. Ich jedenfalls gehöre zu den Menschen, die nach dem Gerätetraining schlichtweg ihre Ruhe in der Sauna haben wollen. Und im Ruheraum dämmere ich gern ein wenig ein. Damit ich dort möglichst allein bin, gehe ich extra schon in der Mittagszeit hin.

An einem speziellen Tag hatte ich gleich doppelt Pech. Zu Beginn war alles okay, wenn auch ungewöhnlich viel los war. Ich fand nach dem ersten Saunagang im Ruheraum Platz in der Nähe einer Frau, die es sich mit Tee und einer Zeitschrift sichtlich gemütlich gemacht hatte. Die leise Entspannungsmusik und das Plätschern des Zimmerbrunnens halfen mir beim Einnicken. Dann riss mich Handyklingeln jäh aus meinem Traum. Bevor ich meiner Nachbarin meine Empörung durch einen bösen Blick zeigen konnte, stürzte sie mitsamt dem Handy aus dem Raum.

Wenigstens war ich jetzt wach, immerhin hatte das Klingeln diesen Effekt gehabt. Zeit für einen neuen Saunagang, dann zweiter Anlauf zum Eindämmern. Jetzt störten mich jedoch zwei intensiv plaudernde Freundinnen aus der anderen Ecke des Ruheraums. Ein lautes „Pscht!" brachte gar nichts, die zwei ignorierten es vollkommen. Ich konnte genau spüren, wie ein Teil von mir innerlich jammerte. Wollte ich jetzt einen Streit anfangen, ein weiterer Impuls, den ich in mir fühlte? Nein, das wäre ja das Gegenteil von Ruhe. Aber die Flucht ergreifen wollte ich auch nicht. Ich lag auf der Ruheliege und überlegte, was mir jetzt guttun würde. Als Lösung schickte ich gedanklich eine Energiekugel durch meinen Körper, orangerot wie ein wunderschöner Sonnenuntergang und wärmend bis in die Fingerspitzen. Das half! Von ganz weit weg registrierte ich, dass die zwei Störerinnen, die ich inzwischen total ausgeblendet hatte, den Raum verließen ...

Was ist mit ANNA im Saunaruheraum passiert? Sie nahm über ihre Sinne, hier das Hören, etwas wahr. Ein neugieriger Mensch hätte vielleicht gern beim Handyanruf zugehört. Bei Lust auf Gesellschaft hätte ANNA eventuell versucht, mit den beiden Frauen Kontakt aufzunehmen. Aber ihr emotionales Gedächtnis interpretierte diese eigentlich neutralen Reize als Störung ihrer erhofften Ruhe. Dies löste in ANNA Stress aus, der sich in Genervtheit niederschlug. Bei der ersten Störung schaffte sie es, dem Handyton durch Umdeuten etwas Positives abzugewinnen. Die zwei plaudernden Freundinnen, die womöglich zu vertieft in ihre eigenen Angelegenheiten waren, um ANNAs Bedürfnisse überhaupt wahrzunehmen, bewirkten typische Stressreaktionen, nämlich Angriffslust und Fluchttendenzen. ANNA nahm ihre unterschiedlichen inneren Stimmen dazu bewusst wahr. Indem sie die Mentalübung „Wärme- und Energiekugel" anwandte, konzentrierte sie sich auf ein inneres Bild. Diese Fokussierung auf ihren Körper und ihren Atem, verbunden mit der warmen Farb- und Temperaturvorstellung, löste eine Entspannungsreaktion aus. ANNA fühlte sie körperlich als Wärme und geistig als Ausblenden der Umwelt. Mit dieser Übung gelang es ihr, sich erfolgreich selbst in Kraft und in innere Balance zu bringen.

Rückblick auf dieses Kapitel

An einer Reihe von Beispielen haben Sie gesehen, dass Aktivitäten, bei denen Menschen auftanken, meist auf mindestens zwei der drei Dimensionen Körper, Geist und Seele gleichzeitig positiv wirken und sehr individuell sind.

*   Sie haben anhand von Impulsfragen überlegt und festgehalten, was Ihre ganz persönlichen Energietankstellen sind, wer oder was Ihnen also richtig guttut.
*   Von welchen Energiespendern Sie sich in Zukunft (wieder) mehr gönnen möchten und wie Sie das erreichen wollen, können Sie nun auch in Ihrer persönlichen Lebensfreudeliste nachlesen.
*   Sie haben je eine Übung zur Aktivierung und zur Entspannung kennengelernt.
*   ANNAs Geschichte vom Saunaruheraum hat Ihnen gezeigt, wie man eine mentale Entspannungsübung wie die „innere Wärme- und Energiekugel" erfolgreich für das Wohlbefinden und damit letztlich zur Selbststärkung nutzen kann.

Zum Weiterlesen

Energietankstellen:
Psychologisch fundiert erläutert Annette Schäfer in ihrem Aufsatz *So bleiben Sie bei Kräften* das Thema Energiemanagement. Dort finden Sie auch „7 Tankstellen für Körper und Seele".
Im Heft *Psychologie heute compact* mit dem Titel *Erschöpft und ausgebrannt? Wie Sie dem Stress des Alltags entkommen* finden Sie ebenfalls den Aufsatz von Annette Schäfer, allerdings ohne den Zusatz „7 Tankstellen ...", und noch viele weitere lesenswerte Beiträge, unter anderem zu den positiven Wirkungen von Meditation und Faulsein.

Eigene Vorlieben:
Sehr anschauliche, fantasievolle Übungen, um herauszufinden, was man wirklich liebt und wie man sich mehr davon ins Leben holen kann, finden Sie im Buch *Wishcraft*. Die Autorin Barbara Sher ist ein erfahrener amerikanischer Persönlichkeitscoach.

3. Kopf hoch am goldenen Faden oder Wie Körperspannung, gute Gefühle und positive Ausstrahlung zusammenhängen

Um gut balancieren zu können, muss man Körperspannung aufbauen. Denn mit schlaffer Körperhaltung kommt man ins Schwanken, fühlt sich dabei unsicher und hat keine souveräne Ausstrahlung. Das leuchtet ein, oder? Hätten Sie gedacht, dass auch für das Seelenbalancieren die Körperspannung wichtig ist, ebenfalls mit Wirkung nach innen und außen? Der dafür zuständige Mechanismus namens *Bodyfeedback* ist leider wenig bekannt. Ich halte ihn für ungemein hilfreich, um sich selbst zu stärken.

Es gibt einen Cartoon aus der „Peanuts"-Reihe, der wunderbar ausdrückt, worum es dabei geht. Charlie Brown lässt sichtlich deprimiert seinen Kopf hängen und erklärt Lucy sinngemäß: „Wenn du es richtig auskosten willst, dass es dir schlecht geht, musst du genau diese Körperhaltung einnehmen. Der größte Fehler, den du machen kannst, ist es, aufrecht dazustehen, weil du dich dann sofort besser fühlst." Charlie Brown hat recht. Genau das ist – im wissenschaftlichen Fachausdruck – „Bodyfeedback"!

Sie wissen sicherlich von sich selbst, dass die innere Verfassung einer Person Einfluss nimmt auf ihren Gesichtsausdruck und ihre Körperhaltung – aber auch der umgekehrte Vorgang funktioniert! Und zwar „liest" und interpretiert das Gehirn Mimik und Gestik am eigenen Körper und reagiert darauf. Einfach ausgedrückt: Ihre Stimmung beeinflusst Ihre Körperhaltung – und Ihre Körperhaltung beeinflusst Ihre Stimmung. Sie können also zu einem gewissen Grad über Ihren Körper bewusst Ihre Laune und gleichzeitig auch Ihre Außenwirkung steuern.

Bitte unterschätzen Sie nicht, wie schnell sich Ihre Umwelt ein Urteil über Sie, über Ihre Stimmung und Ihre momentane Belastbarkeit macht. Unbewusst addieren wir alle eine Reihe von Signalen, die ein anderer Mensch aussendet, und machen uns ein Bild davon. Eine positive Ausstrahlung wird als angenehmer empfunden und eher mit Achtung, Zuwendung und Zuneigung belohnt als eine negative. Die eigene Körpersprache ist vielen Menschen gar nicht bewusst. Dabei „sprechen" wir permanent über Körpersignale mit unserer Umwelt – aber, und damit zurück zum Thema Bodyfeedback, eben auch mit uns selbst.

Wenn Sie Ihre Stirn runzeln oder die Augenbrauen zusammenziehen, signalisieren Sie über ihre Mimik nach außen und zugleich nach innen „Anstrengung", „Ärger" und eine negativ-abwehrende Haltung. Wenn Sie mit rundem Rücken Ihre Schultern nach vorn hängen lassen, erscheinen Sie aufgrund dieser Haltung als geknickter Mensch. In beiden Beispielen stellt sich Ihr Gehirn dann auf Abwehr und Vorsicht ein: „Mir muss es schlecht gehen, sonst würde ich nicht so missmutig schauen und nicht so dastehen. Da kann etwas nicht stimmen ..." Die Folge dieser Interpretation ist eine Stressreaktion, die Ihr Denken verengt und Ihre negativen Gefühle noch verstärkt.

Dagegen signalisieren ein lächelnder Gesichtsausdruck und eine gerade, aufrechte Haltung eine positive, offene Einstellung. Ihr Gehirn versteht, dass Sie sich momentan in einer lockeren und damit sicheren Atmosphäre befinden, und belohnt Sie mit einer Entspannungsreaktion. Die wiederum löst bei Ihnen angenehme Gefühle aus, sodass Sie sich tatsächlich noch entspannter fühlen und auch auf andere Menschen so wirken.

Bodyfeedback: Aufrechte Haltung

Jetzt lade ich Sie ein, die Funktionsweise von Bodyfeedback mit zwei Körperwahrnehmungsübungen zur Bewegung und Körperhaltung selbst auszuprobieren.

Stehen und Gehen in unterschiedlichen Stimmungen
- Stellen Sie sich bitte vor, Sie haben soeben eine niederschmetternde Nachricht erhalten. Es geht Ihnen so richtig schlecht. Wie stehen Sie da? Gehen Sie bitte ein paar Schritte. Wie bewegen Sie sich? In welchem Tempo?
- Während des Gehens erhalten Sie die Nachricht, dass Grund zur Hoffnung besteht. Die Situation sieht besser

aus, als Sie befürchtet haben. Was verändert sich an Ihrer Körperhaltung? Gehen Sie weiter.

• Und nun haben Sie Gewissheit: Alles ist wieder gut! Es geht Ihnen großartig! Wie verändert sich Ihr Gang? Wie ist Ihre Körperspannung? Wie halten Sie Ihren Kopf?

• Abschließend noch ein kleines Schmankerl: Sie bewegen sich jetzt durch den Raum wie ein ungefähr vierjähriges Kind. Was passiert? Wie verändern sich Ihre Bewegungen und Ihre Mimik? Wie fühlen Sie sich dabei?

Ohne dass ich Sie sehen konnte, kann ich Ihnen mit ziemlicher Sicherheit beschreiben, wie Sie sich bewegt und gefühlt haben:

• schlechte Nachricht: Sie haben ein bleischweres Gefühl, eine gebeugte Haltung, einen runden Rücken, eingefallene Brust, einen matten Blick nach unten, düstere Gedanken, langsame Bewegungen, einen schleppenden Gang.

• Hoffnung: Sie richten sich etwas auf, Ihr Blick hebt sich, Ihre Gedanken werden positiver, Ihre Bewegungen beschleunigen sich.

• gute Nachricht: Sie haben eine straffe Haltung, Ihr Blick geht nach vorne und nimmt auch die Umgebung wieder wahr, Sie bewegen sich schneller, die Arme schwingen rhythmisch mit, Sie atmen tiefer und lächeln.

• wie ein vierjähriges Kind: Sie bewegen sich hüpfend und mit Leichtigkeit, Sie lachen, Sie fühlen sich fröhlich und entspannt.

Haben Sie es gemerkt? In der letzten Phase, als Kind, haben wir die Richtung gewechselt: Nicht das Denken und Fühlen haben die Bewegungen bestimmt – sondern die Bewegungen und das Gedankenbild haben Gefühle ausgelöst. (In meinen Seminaren herrscht an dieser Stelle immer pure Lebensfreude im Raum.) Das ist angewandtes Bodyfeedback.

Wie sieht denn nun eine *Körperhaltung* aus, die dem Gehirn Wohlbefinden signalisiert, sodass es Entspannung wahrnimmt und gute Gefühle auslöst? Sich gerade hinzustellen fühlt sich oft ungewohnt an. Gerade große Menschen neigen, um sich kleiner zu machen, zum Rundrücken. „Bauch rein, Brust raus, Kinn hoch!" – kennen Sie diese Aufforderung noch? Wenn Sie sich dabei im

Spiegel beobachten, werden Sie feststellen, dass das keineswegs eine entspannte, angenehme Haltung ergibt, die Souveränität signalisiert und Sie bei Ihren Mitmenschen Sympathiepunkte sammeln lässt. Sie sieht eher militärisch-verkrampft nach Strammstehen aus (Gebrüll im Kasernenhof: „Augen geradeaus!") und fühlt sich auch so an.

Wie können Sie es besser machen? Hierzu eine Körperübung mit fast schon poetischem Namen:

Kopf hoch am goldenen Faden (Aufrechte Haltung)

- Stellen Sie sich vor, Ihr Kopf würde am Scheitelpunkt, also am höchsten Punkt des Schädels, von einem goldenen Faden in Richtung Himmel gezogen. Zum Ausprobieren können Sie sich vorsichtig ein paar Zentimeter an Ihren Haaren hochziehen. Damit verlängern Sie automatisch Ihre Wirbelsäule, Ihr Körper richtet sich auf.
- Wenn Sie nun versuchen, Ihre Ohren zu spitzen – so gut das halt geht, ohne ein Hund, ein Vulkanier wie Spock aus „Raumschiff Enterprise" oder ein Elbe wie Legolas aus „Der Herr der Ringe" zu sein – richten Sie sich automatisch noch ein bisschen mehr auf. Falls Sie dabei lachen müssen: nur zu!
- Ihr Kinn bewegt sich dabei eher in Richtung Hals als weg davon. Vermeiden Sie es, Nase und Kinn nach oben zu ziehen. Das sieht tatsächlich schnell „hochnäsig" aus und kann außerdem zu Verspannungen im Bereich der Halswirbelsäule führen.
- Ihr Nabel versucht, näher an das Rückgrat zu kommen, bewegt sich also nach innen-hinten. Das bewirkt, dass Ihr Becken leicht nach vorn kippt.
- Und nun fühlen Sie, wie Ihre Schulterblätter jeweils an der unteren Spitze mit einem Gummifaden nach unten gezogen werden. Damit können Sie spielen: Mal werden die Fäden kürzer, mal länger. Dabei gehen Ihre Schultern automatisch etwas zurück, Ihr Brustkorb weitet sich, Ihre Haltung wird offener.

Sehen Sie im Spiegel, wie aufrecht Sie stehen? Gefallen Ihnen Ihre Haltung und Ihre Größe? Versuchen Sie ohne Druck, sich beim

Gehen und auch beim Sit-
zen immer wieder neu auf-
zurichten. Alte Bewegungs-
und Haltungsmuster sind
leider hartnäckig und nur
mit viel Geduld und Üben
zu verändern. Vielleicht
inspiriert Sie als Erinne-
rungshilfe das Bild, Ihnen als Königin oder König dürfe Ihre Krone
nicht vom Kopf rutschen?

Mit diesem Wissen um die Zusammenhänge zwischen Körperhaltung und Gefühlen können Sie auch andere anregen, sich
selbst zu helfen:

- Beispiel 1: Der Freundin mit Liebeskummer, die sich auf ihrem
  Sofa in Embryonalhaltung zusammenrollt, tun Sie keinen
  Gefallen, sie dort zu belassen. Es ist gut, ihr zuzuhören und sie
  zu trösten; es ist noch besser, sie aus der Stellung herauszu-
  holen. Am hilfreichsten wäre es, sie dazu zu bringen, aufzu-
  stehen und sich an der frischen Luft zu bewegen, vorzugsweise
  bei Tageslicht. Das wird im doppelten Sinn die Stimmung Ihrer
  Freundin aufhellen.
- Beispiel 2: Den Sitznachbarn im Flugzeug, der sichtlich Angst
  beim Starten und Landen hat, könnten Sie vorsichtig ermuntern, sich nicht klein, mit verschränkten Armen und flach
  atmend in den Sitz zu kauern, sondern sich aufrecht hinzuset-
  zen, die Arme zu lockern und tief ein- und auszuatmen. Es wird
  ihm besser gehen.

Auch ANNA nutzt ihr Wissen um Bodyfeedback. Sie hat eine
besondere Methode gefunden, wie sie sich mit einer bestimmten
Körperhaltung in bessere Stimmung versetzen kann:

„Bad body day"

*Es gibt Tage, an denen ich mich morgens in meinem Körper überhaupt
nicht wohlfühle. Das umfasst weit mehr als den berüchtigten „Bad
hair day". In dem Zustand fühle ich mich konturlos, schlapp und entsprechend schlecht gelaunt – ungünstige Voraussetzungen für einen
guten Tag. Obwohl mein Spiegelbild mir mein Körpergefühl bestätigt,*

stelle ich mich ihm inzwischen mutig. Ich habe nämlich herausgefunden, wie ich mir mit einem Trick helfen kann: Ich betrachte mich in meinem Garderobenspiegel von der Seite und strecke bei rundem Rücken und Doppelkinn meinen Bauch voll heraus. So gefalle ich mir überhaupt nicht, noch viel weniger als zuvor ... An dieser Stelle stoße ich meistens einen schweren Seufzer aus, der mich noch mehr zusammensacken lässt. Dann richte ich mich bewusst gerade auf, spanne zusätzlich den Po an, lockere meinen Unterkiefer, atme tief ein – und habe das herrliche Gefühl und den Beweis im Spiegel, innerhalb von zwei Sekunden mindestens zwei Kilo verloren zu haben. Mein Körper sieht straffer aus als vorher, und ein erleichtertes Lächeln gelingt mir in dem Moment auch schon. Meine Laune steigt, und der Start in den Tag ist gerettet!

Wie bewältigt ANNA ihr morgendliches negatives Körpergefühl und ihre damit zusammenhängende schlechte Laune? Sie wendet eine sogenannte Umdeutung kombiniert mit Bodyfeedback an: Zunächst übertreibt sie ihre Körperhaltung ins Extreme nach dem Motto „Was muss passieren, damit ich mich noch hässlicher fühle?". Indem sie sich damit eine neue Ausgangsbasis zum Vergleich schafft, relativiert sie ihr Problem. Anschließend strafft sie ihre Haltung bewusst. Durch diese kleine Schummelei regt sie das Belohnungssystem ihres Gehirns an, da sie im Vergleich zu vorher abgenommen zu haben scheint. Dies und ihre aufrechte Haltung lösen bei ANNA positive Gefühle aus. Die Entspannung und Erleichterung lassen sie lächeln, was bei ihr wiederum zu noch besserer Laune führt.

 Rückblick auf dieses Kapitel

Mithilfe von Charlie Brown haben Sie den Mechanismus „Bodyfeedback" kennengelernt: Gefühle steuern die Körperhaltung, die Körperhaltung steuert aber auch Gefühle.
- Sie wissen nun, dass Sie mit Ihrer Körperhaltung nicht nur Ihr Wohlbefinden, sondern auch Ihre Ausstrahlung positiv (oder umgekehrt auch negativ) beeinflussen können.
- Dies haben Sie im Stehen und Gehen selbst ausprobiert, vom Empfang einer schlechten Nachricht bis zum Hüpfen wie ein vierjähriges Kind.

- Sie können sich anhand des inneren Bildes „Kopf hoch am goldenen Faden" aufrecht hinstellen und quasi königlich bewegen, sodass Ihnen keine Krone vom Kopf rutschen würde.
- ANNAs Geschichte vom „Bad body day" hat Ihnen veranschaulicht, wie man Bodyfeedback im Alltag einsetzen kann, um sich ein angenehmeres Körpergefühl und bessere Laune zu verschaffen.

Zum Weiterlesen

Bodyfeedback:
Vertiefende Informationen zum Mechanismus Bodyfeedback finden Sie in den Artikeln *Der vernachlässigte Körper* von Maja Storch und *Auf die Haltung kommt es an* von Lioba Werth.

Ausstrahlung:
Regina Försts Buch *Ausstrahlung. Wie ich mein Charisma entfalte* habe ich bereits im Kapitel 1 im Zusammenhang mit Farben erwähnt.

4. Warum Lächeln hilft
oder
Noch mehr über das faszinierende Zusammenspiel von Körper, Gedanken und Gefühlen

Erinnern Sie sich noch, wie Sie sich als etwa vierjähriges Kind während und unmittelbar nach der Gehübung im vorigen Kapitel gefühlt haben? Bestimmt haben Sie dabei gelacht. Kinder lachen pro Tag durchschnittlich 30-mal so viel wie Erwachsene. Lächeln, kichern, schmunzeln, lachen, strahlen, prusten, jauchzen – es gibt für uns Menschen so viele Möglichkeiten, durch Lachen Gefühle auszudrücken! Strahlen, egal ob innerlich oder äußerlich, hat viel mit positiver Ausstrahlung zu tun. Der sprachliche Zusammenhang kommt nicht von ungefähr.

Wie bei der aufrechten Körperhaltung finden wir auch hier den wechselseitigen Effekt: Gute Laune führt zu Lächeln – Lächeln löst gute Laune aus. Ein lächelnder Gesichtsausdruck signalisiert Ihrem Gehirn, dass es Ihnen gut geht. Es versteht „Alles ok!" und löst eine Entspannungsreaktion aus. Damit geht es mit Ihrer Stimmung bergauf. Vielleicht ist Ihnen hier schon aufgefallen, wie oft ANNA und ich in unseren Selbststärkungsgeschichten erzählen, dass wir uns zum Lächeln oder Lachen gebracht haben? Das hat genau diesen Hintergrund.

Wussten Sie schon, dass dieses Bodyfeedback sogar funktioniert, wenn Sie gar nicht von innen heraus lächeln, sondern nur mechanisch die Mundwinkel nach oben ziehen? Die Mimik löst die entsprechende Gehirnreaktion aus.

Wenn Ihnen eine solche „Maske" nicht gefällt, schlage ich Ihnen vor, stattdessen den Menschen, der Ihnen am nächsten steht, bewusst im Spiegel anzulächeln. Ja, damit meine ich Sie selbst! Je nachdem, was Sie gerade brauchen, können Sie sich aufmunternd, besänftigend, motivierend, verständnisvoll, augenzwinkernd oder einfach freundlich anlächeln, um auf dem Umweg über Ihr Gehirn Ihre Gefühle positiv zu beeinflussen.

Bodyfeedback: Lächeln

Und wenn Ihnen so gar nicht nach Lächeln ist? Wenn Sie selbst für den besten Freund oder die beste Freundin im Spiegel kein Lächeln zustande bringen? Dafür biete ich Ihnen hier eine einfache Alternative an. Bitte schauen Sie eine Zeitlang auf diese Zeichnung und beobachten Sie, was bei Ihnen passiert:

Auf das Betrachten eines Smileys reagieren die meisten Menschen nach kurzer Zeit tatsächlich mit einem echten Lächeln und mit positiven Gefühlen. Sie auch? Dann können Sie sich ab jetzt damit selbst helfen!

Wir reagieren auf dem Umweg über unser Gehirn auf einen Reiz. Was da geschieht, ist Ihnen vielleicht vom sogenannten Kindchenschema bekannt. Bei Tier- oder Menschenbabys werden bei uns durch Kopfform, große Augen und Gesichtsproportionen Beschützerinstinkt und Fürsorgegefühle ausgelöst, eventuell verbunden mit einem hingerissenen „So süüß". Beim Smiley passiert etwas Ähnliches; er löst bei uns das kulturübergreifende Antwortlächeln aus, dem wir uns kaum entziehen können.

Hier habe ich Ihnen eine Reihe eigener Tipps und Erfahrungen zum Thema Lächeln zusammengestellt. Vielleicht ist die eine oder andere Anregung für Sie dabei?

Just smile – Persönliche Geschichten vom Lächeln
Smileys mag ich so gern, dass ich mir einen ausgedruckt und in mein Kalenderbuch geklebt habe. Er erinnert mich täglich an die tolle Möglichkeit, mich selbst anzulächeln und mir damit bessere Laune zu verschaffen; und daran, mir zur Entspannung regelmäßig ein „inneres Lächeln" in meinen Körper zu schicken. Die Vorstellung, dass am Ende der Übung alle Körperbereiche lachen, amüsiert mich immer wieder.

Ich verwende in E-Mails auch gern das lachende Smiley-Emoticon, um zu signalisieren, dass der Text lustig oder herzlich, auf jeden Fall positiv gemeint ist: „Doppelpunkt, Bindestrich, Klammer zu" :-)

In unserer Familie hat der „tägliche Witz" Tradition: Mein Mann und ich amüsieren uns schon am Morgen über den gezeichneten Witz in einem Cartoon-Kalender. Und unser Kind erzählt uns später den „Witz des Tages", der manchmal an der elektronischen Schul-Infotafel angezeigt wird.

Heute schon gelächelt? lautete ein Graffito, das in meiner Heimatstadt an eine Wand gesprayt stand. Das war eine regelmäßige kleine Freude auf meinem Schul- und später Arbeitsweg. Den Spruch könnte man sich – genau wie den Smiley – auch auf einem Zettel an den Spiegel, Kühlschrank oder PC kleben.

Eine geradezu „geometrische" Weisheit vom Schildchen eines Teebeutels habe ich vor Jahren aus Neuengland mitgebracht. Sie hat den Weg in mein Kraftbüchlein gefunden: *A smile is a curve that sets many things straight.* In meiner Übersetzung: Ein Lächeln ist eine gebogene Linie, die viele Dinge gerade rückt. Und hier noch etwas Weises aus meinem kleinen Buch: *Das Glück kommt zu denen, die lachen (aus Japan).*

Hier nun für Sie die schon erwähnte klassische mentale Entspannungsübung zum „Inneren Lächeln". Im englischsprachigen Raum ist sie als *Send a smile ...* bekannt:

Inneres Lächeln
Stellen, setzen oder legen Sie sich bequem hin. Wenn Sie mögen, schließen Sie die Augen. Ihr Atem geht ruhig. Nun schicken Sie in Gedanken nacheinander in alle Körperbereiche ein schönes Lächeln. Der Ablauf könnte sein:
- Gesicht, Kopf- und Halsbereich
- Rücken, Po
- Oberschenkel, Knie, Unterschenkel
- Füße mit allen Gelenken, jeder einzelne Zeh
- Bauchbereich mit allen Organen
- Brustbereich, Schultern
- Oberarme, Ellbogen, Unterarme

- Hände mit allen Gelenken, jeder einzelne Finger
- *Und ein Extra-Lächeln geht an den Körperteil, dem es heute nicht so gutgeht*, wie meine Qigonglehrerin zu sagen pflegt.

Merken Sie die wohltuende Wirkung? Hat diese Übung sogar ein echtes Lächeln auf Ihrem Gesicht hinterlassen?

Probieren Sie mal aus, ob Sie sich noch weiter über etwas ärgern können, während Sie lächeln oder lachen – es wird Ihnen nur schwer gelingen. Lachen wirkt ansteckend und ist durch die Vertiefung der Atmung und wegen der guten Gefühle, die es auslöst, sogar gesundheitsförderlich. Vielleicht haben Sie in diesem Zusammenhang schon von Klinik-Clowns und Lach-Yoga gehört. Wer etwas mit Humor sehen kann, wird aktiv und begibt sich nicht in eine Opferrolle. Lachen macht stark und wirkt entwaffnend.

Und wie geht es Ihnen mit dem Lachen? Mögen Sie sich dazu ein paar Notizen machen? Sie kennen ja inzwischen meine Empfehlung, die Impulsfragen auf sich wirken zu lassen und die Ergebnisse aufzuschreiben.

Was bringt mich zum Lächeln und Lachen?

- Wer oder was bringt Sie regelmäßig zum Lächeln?
- Mit wem können Sie richtig herzhaft lachen? Bei welchen Gelegenheiten?
- Was macht Ihnen so Spaß, dass Sie dabei einfach lachen müssen?
- Liegt Ihnen eher das leise Schmunzeln oder das kräftige Lachen?
- Wo könnten Sie Erinnerungshilfen für das Lächeln, wie z.B. Smileys oder motivierende Sprüche, in Ihren Alltag einbauen?
- Von welchem Lachfutter möchten Sie Ihrer Seele mehr zukommen lassen? Sind das Witze, Komödien auf der Bühne, im Kino oder auf DVD (romantische Komödien, Actionkomödien, Klamauk?), Kabarett, Comics, humorvolle Bücher, Treffen mit bestimmten Menschen ...?

ANNA würde bei der letzten Frage bestimmt die Komödien wählen. Sie setzt Humor und Lachen unter anderem zu ihrer Gesund-
heitsförderung und sogar zur Schmerzlinderung ein:

Wenn's wehtut

*„Bei körperlichen Beschwerden: All you need is laugh!" Auch wenn
mein pseudo-englisches Motto ein humorvolles Wortspiel sein soll –
nein, ich finde es absolut nicht witzig, Schmerzen zu haben. Meine
zwei körperlichen Schwachstellen, die auf Stress reagieren, sind der
Kopf mit Migräne und der Rücken mit Verspannungen. Zwar erwischt
es mich inzwischen viel seltener als früher, weil ich immer besser lerne,
gelassen zu bleiben und mich zu entspannen – aber hin und wieder
eben doch. Ich wehre mich nicht mehr dagegen, sondern stelle mir
mittlerweile vor, mein Körper wolle mir mit den Schmerzen etwas
Wichtiges sagen. Und bin ihm dankbar dafür. Migräne deute ich als
„Du hast dir zu viel auf einmal zugemutet, du brauchst eine Pause"
und Rückenschmerzen mit „Du hast dich zu sehr in Arbeit verkrampft,
du brauchst Bewegung". Diese Signale sind mir wichtig, um wieder
besser auf mich zu achten. Neben Ruhe bzw. gezielter Gymnastik hilft
es mir immer, wenn ich mir lustige Filme gönne. Ich habe schon eine
DVD-Sammlung mit Komödien, die mich – trotz meiner Beschwerden – zum Schmunzeln oder sogar zum laut Lachen bringen. Am
liebsten habe ich englische Komödien mit rabenschwarzem Humor.
Das Lachen lenkt mich von meinem Zustand ab und tut fühlbar meiner Laune gut. Und auch ein gewisser Galgenhumor hilft mir: der
Gedanke, dass es bald vorbei sein wird und ich mich dann wieder gut
fühlen werde nach dem Motto „Es ist so schön, wenn der Schmerz
nachlässt!".*

Wie geht ANNA mit ihren körperlichen Beschwerden an Kopf und
Rücken um? Sie ordnet sie als ihre Schwachstellen und zu Recht
als Stressanzeiger ein und kann so ihre Beschwerden besser
akzeptieren. Damit lenkt sie ihre Energie in eine positive Richtung,
statt gegen Windmühlen zu kämpfen. Die Frage, was ihr Körper ihr
sagen wolle, ist eine Variante von Umdeuten: ANNA findet für sich
Antworten, die sie veranlassen, besser mit sich umzugehen. Sie
sucht aktiv Entspannung und Ruhe bzw. Bewegung sowie Gelegenheit zum Lachen. Damit wendet sie Bodyfeedback an: Die
Filmkomödien bringen sie – neben der Ablenkung – über den Weg

Gesichtsmuskelbewegung /Gehirninterpretation / Entspannungsreaktion in eine bessere Verfassung. Durch die für sie lustige
Handlung kann ANNA sich von ihrer aktuellen Situation distanzieren, und es geht ihr besser. Ihre weitere Umdeutungsleistung
ist die augenzwinkernde Vorfreude auf die Zeit, wenn der Schmerz
vorbei sein wird – ein gedankliches Vorwegnehmen von Wohlbefinden in der Zukunft, das positiv auf die Gegenwart wirkt.

Rückblick auf dieses Kapitel

- Sie haben Ihr Wissen über die stärkenden Möglichkeiten von
  „Bodyfeedback" vertieft, nämlich durch Lächeln gute Gefühle
  zu wecken.
- Sie haben von der Entspannungsreaktion erfahren, die das
  Gehirn sogar bei mechanischem Hochziehen der Mundwinkel
  auslöst. Auch sich selbst im Spiegel anzulächeln wirkt positiv.
- Als einfachen Weg, sich zum echten (Antwort-)Lächeln zu brin-
  gen, haben Sie Smileys neu entdeckt.
- Sie haben die entspannende Wirkung der Mentalübung „Inne-
  res Lächeln" erfahren.
- Sie haben darüber nachgedacht, wie Sie sich (noch mehr)
  Lächeln und Lachen in den Alltag holen können.
- ANNAs Geschichte von ihrer ganz persönlichen Art, mit körperlichen Beschwerden umzugehen, hat Ihnen gezeigt, wie
  man sich mit bewusstem Einsatz von Humor über den Weg
  des Lachens in bessere Laune versetzen kann.

Zum Weiterlesen

Bodyfeedback: Meine Literaturhinweise zu diesem Thema finden
Sie im vorigen Kapitel 3 auf Seite 47.

Humor:
Zum Schmunzeln und zu unterhaltsamen Ergebnissen der
Glücksforschung kann ich das Gute-Laune-Lesebuch *Glück
kommt selten allein* ... von Eckart von Hirschhausen empfehlen.
    Im Heft *Psychologie heute compact* „Strategien der Lebens-
kunst" finden Sie mehrere Artikel zur positiven Wirkung von
Humor und Heiterkeit, unter anderem einen Humortest.

5. Luft holen, um stabiler zu werden oder Wie Sie Ihre Aufmerksamkeit bewusst verschieben können und was das bewirkt

Wer aufgeregt, ängstlich, wütend oder unsicher ist, sich also gestresst fühlt, atmet flach. Das ist sowohl beim echten als auch beim Seelenbalancieren ungünstig. Aus den letzten beiden Kapiteln wissen Sie bereits, was es mit Bodyfeedback auf sich hat. Und hier kommt der dritte Baustein: Neben Körperhaltung und Mimik spielt dabei auch das Atmen eine Rolle. Wenn Sie durch entsprechende Atmung Ihrem Gehirn „Warnung!" signalisieren, ernten Sie Stresssymptome. Wenn Sie es dagegen schaffen, Ihrem Gehirn mittels einer ruhigen und tiefen Atmung „Alles in Ordnung!" zu melden, dürfen Sie sich über Entspannung freuen. Und diese wiederum führt dazu, dass Sie sich souveräner und stabiler fühlen.

Bodyfeedback: Atmen, auch als Erste Hilfe

Hier die *Erste Hilfe*, die Sie sich selbst geben können, wenn Ihre Seele für einen Moment aus dem Gleichgewicht geraten ist: Atmen Sie tief ein mit dem Gedanken *Alles, was ich brauche, hole ich zu mir* und dann kräftig aus mit dem Gedanken *Alles, was ich nicht brauche, schicke ich weg*. Oder verkürzt: „Gutes rein, Schlechtes raus!" Wiederholen Sie das am besten ein paar Mal. Sie werden merken, wie sich Spannungen lösen. Eine solche Atempause verschafft Ihnen dank Bodyfeedback eine erste Distanz zu Gefühlen, die Sie zu überwältigen drohen. Falls Sie zu den Menschen gehören, die in Stresssituationen zu unbedachten, eventuell aggressiven Äußerungen neigen: Der altbekannte Ratschlag, in angespannten Situationen bis zehn zu zählen, ist gut – die Erste-Hilfe-Übung Ein- und Ausatmen ist besser. Danach können Sie ruhiger überlegen, wie Sie angemessen reagieren wollen.

Wie können Sie nun – nach der Ersten Hilfe – Ihre Atmung so regulieren, dass sie langsamer und tiefer wird? Der schon im alten China und Indien bekannte einfache Weg dazu ist, den Atem zu beobachten. Nicht aktiv beeinflussen, sondern wirklich nur beobachten! So kann man sich beispielsweise auf das Füllen und Leeren während des Atmens konzentrieren, den kühlen Hauch beim Einströmen durch die Nase spüren oder aber dem sanften Heben und Senken der Bauchdecke zuschauen. Der Atem kommt und geht ganz von allein; und er wird durch die Selbstbeobachtung ganz ohne bewusste Steuerung ruhiger und tiefer.

Vielen Menschen fällt es mit einem „Anker" für ihre Gedanken leichter, ihren Atem zu beobachten. Denn dann flattern diese nicht so leicht um sie herum wie rastlose Vögelchen („Das muss ich morgen noch mit Frau Mayer aus der Buchhaltung besprechen" oder „Hoffentlich habe ich nichts übersehen"). So ein Gedankenanker kann ein persönliches Kraftwort – mehr dazu im zweiten Teil des Buches – oder eine kleine Bewegung sein.

Gedankenfokussieren und Achtsamkeit

Hierzu schlage ich Ihnen zunächst eine Körperübung vor. Den Namen verdankt sie der Haltung der Hände, die mich an einen wärmenden Muff, der vor dem Körper baumelt, erinnert:

Mein Entspannungsmuff (Atem- und Fokussierungsübung)
- Setzen oder legen Sie sich in angenehmer Haltung hin. Schließen Sie die Augen, wenn Ihnen das angenehm ist.
- Lassen Sie beide Hände wie zwei ineinander liegende Schalen bequem auf Ihrem Schoß ruhen.
- Kippen Sie Ihre Handflächen in Richtung Bauch und schieben Sie die Hände so übereinander, dass Ihre eine Hand den Daumen der anderen locker wie einen Fahrradlenker umfassen kann.
- Während Sie einatmen, drückt die eine Hand den Daumen der anderen leicht über die ganze Einatmenphase hinweg.
- Während Sie ausatmen, lockern Sie den Druck auf den Daumen über die ganze Ausatmenphase hinweg.

- Wiederholen Sie Einatmen-plus-Drücken und Ausatmen-plus-Lockern mehrere Male.
- Beenden Sie das Daumendrücken und spüren Sie hin, wie Sie sich fühlen.

Falls Sie nun warme Hände haben, hat der Muff bestens gewirkt! Das ist eines von mehreren möglichen Zeichen für Entspannung; weitere wären z.b. ein klarerer Kopf, gedanklicher Abstand zu den anstehenden Themen, ein erhöhtes Gefühl von Gelassenheit. Auch hier gilt: Mit Übung geht es immer besser.

Was tun Sie eigentlich genau, wenn Sie sich auf das Atembeobachten konzentrieren? Sie verschieben Ihre Aufmerksamkeit, fokussieren sich also auf den Atem. Sie könnten genauso gut und wirksam auch die Wolken am Himmel beobachten oder die Farben um sich herum bewusst wahrnehmen.

Der Kerngedanke hinter dieser Art von Fokussierungsübungen lautet *Energie folgt der Aufmerksamkeit.* Alltagssprachlich ausgedrückt: Je nachdem, womit wir uns beschäftigen, ziehen wir uns hoch oder runter. Wer sich gedanklich stark mit negativen, kräftezehrenden Themen befasst, verliert seine Energie in diese Richtung. Wer sich auf positive Themen konzentriert, gewinnt dadurch Kraft. Erinnern Sie sich an Ihre persönlichen Energiespender, die Sie im zweiten Kapitel überdacht haben! Ein sehr altes Zitat dazu aus meinem Kraftbüchlein: *Auf die Dauer der Zeit nimmt die Seele die Farbe der Gedanken an* (Marc Aurel, römischer Kaiser, 121–180 n. Chr.).

Auf Selbststärkung angewandt, bedeutet das: Sie können sich also durch das Verschieben Ihrer Aufmerksamkeit weg von belastenden Gedanken und Gefühlen hin zur Entspannung selbst in Kraft bringen. Zumeist liegen die Dinge, die uns belasten, in der Vergangenheit oder in der Zukunft. Dem entkommen wir, indem wir uns auf das Hier und Jetzt konzentrieren.

Genau dies wird bei Übungen zur sogenannten *Achtsamkeit* eingesetzt. Diese Form von Aufmerksamkeit kommt ursprünglich aus dem Buddhismus. In Form von Meditations- und Fokussierungsübungen wird sie nach und nach im Westen unter anderem durch Qigong, Tai Chi Chuan und Yoga bekannt. Sie haben hier bereits die dazu passenden Übungen „Die Sinne schärfen", „Innere Wärme- und Energiekugel", „Inneres Lächeln" und eben den „Entspannungsmuff" kennengelernt.

Achtsam handeln können Sie ganz einfach dadurch, dass Sie sich auf Details am eigenen Körper, in der Umgebung oder bei Tätigkeiten konzentrieren – Handgriff für Handgriff, Schritt für Schritt, jederzeit und überall. Dies wirkt entspannend und wohltuend, weil Sie sich von Ihren sonstigen Denk- und Gefühlsthemen distanzieren. Eine sehr geeignete Anwendungssituation sind übrigens Warteschlangen und endlosrote Ampeln. Statt immer ärgerlicher zu werden, können Sie die Zeit für spielerische Wahrnehmungsübungen nutzen. Jede Zwangspause kann man auf diese Weise als ein kleines Geschenk umdeuten.

Auch Menschen, die gern mehrere Tätigkeiten gleichzeitig tun (reden plus Mails lesen, essen plus fernsehen plus Zeitung lesen, telefonieren plus kochen etc.), kann ich diese Art von Fokussierung nur empfehlen. Erwiesenermaßen flitzt Ihr Hirn nämlich zwischen den verschiedenen Anforderungen hin und her; das Multitasking erfolgt nur vermeintlich gleichzeitig. Damit wird mehr Energie als nötig verbraucht, und die Einzelleistungen werden schlechter.

Egal, ob Dächer-auf-dem-Arbeitsweg-Wahrnehmen, Gehen (Ferse, Fußfläche, Ballen, Zehen bewusst spüren), Gemüseputzen, Hauteincremen, Zähneputzen, Spazierengehen – es gibt unendlich viele Möglichkeiten für achtsames Handeln. Wieder einmal gilt, dass nicht für jeden Menschen dasselbe angenehm ist. Sie müssen selbst herausfinden, was Ihnen persönlich guttut und was in Ihr Leben passt.

Hier ein subjektiver Tipp aus meinem Alltag:

Achtsame Kaffeepause

Dass ich Cappuccino und Schokolade gern mag, habe ich ja schon bei meiner Genussbiografie im ersten Kapitel erzählt. Beides gönne ich mir manchmal ganz bewusst als kleine Auftankpause im Büroalltag. Ich hole mir mit meinem Thermobecher einen Cappuccino ins Büro und zelebriere eine Mini-Meditation: Statt einfach nur zu trinken, versuche ich, genau hinzuschauen, hinzuriechen und hinzuschmecken: War der Barista so nett, mir ein hübsches Muster zu gießen? Ich beobachte das Farbspiel im Becher, nehme den Kaffeeduft wahr, fühle die Konsistenz des Getränks im Mund, schmecke hin, löffle den Milchschaum aus. Und dazu lasse ich ein Stück Schokolade im Mund schmelzen – mmmh ... Danach kann ich mich mit neuer geistiger und – vor allem, wenn ich das Kaffeeholen mit Treppensteigen verbunden habe – körperlicher Energie auf das jeweils anstehende Arbeitsthema konzentrieren.

Nun zu Ihnen: Wo könnten Sie kleine entspannende Achtsamkeitsübungen in Ihren Alltag einbauen? Bitte machen Sie sich ein paar Notizen dazu.

Mein achtsamer Alltag
Was könnte ich hin und wieder achtsam(er) ausführen:
- daheim?
- an meinem Arbeitsplatz?
- bei meinen Hobbys, in meiner Freizeit?
- unterwegs: zu Fuß, mit dem Fahrrad, mit dem Auto, mit anderen Verkehrsmitteln?
- Welche kleinen Achtsamkeitsübungen finde ich noch für mich?

ANNA erzählt Ihnen jetzt abschließend von einem Alltagserlebnis, bei dem sie das oben beschriebene tiefe Atmen zur Selbststärkung einsetzen konnte:

Höhenangst
Meine Höhenangst hat während meiner Jugend begonnen, ausgerechnet auf dem Schiefen Turm von Pisa. Der Turm, von dem ich jetzt erzählen möchte, steht allerdings in München. Es ist der „Alte Peter", der Turm der ältesten Kirche Münchens, mitten in der Altstadt. Eine Freundin hatte mich überredet, mit ihr wegen der tollen Aussicht auf den Turm zu steigen. Während der mir endlos erscheinenden Treppenbesteigung wurde mir immer mulmiger: Was, wenn mir schwindelig oder schlecht würde? Wie peinlich, wenn ich mich wie erstarrt an der Mauer festklammern müsste ... Verschwitzt, mit flauem Magen und mit weichen Knien kam ich oben an. Meiner Freundin gelang dort das Unglaubliche: Sie leitete mich mit Engelszungen an, mich auf meinen

Atem zu konzentrieren – „tief einatmen, langsam ausatmen!" – und Schritt für Schritt hinter ihr her auf der Aussichtsplattform rund um den Turm zu gehen. Und ich konnte sogar stehen bleiben und den Blick genießen! Dies war meine erste und überzeugende Atmen-führt-zu-Entspannung-Erfahrung.

Ich will nicht so weit gehen zu behaupten, meine Höhenangst sei komplett überwunden. Vor allem, wenn ich innerlich sowieso schon etwas wackelig bin, bin ich anfällig dafür. Aber sie ist mit dem Atem-Trick für mich jetzt viel leichter zu bewältigen als früher. Damit mir das gelingt, haben wir in unserer Familie eine hilfreiche Vereinbarung: In einer Höhen(angst)-Situation kümmert sich mein Partner um unser Kind; beim Bergwandern, bei Burgruinenbesichtigungen oder im Riesenrad. Dann bin ich frei dafür, mich auf mich selbst und meinen Atem zu konzentrieren – und dann den jeweiligen Ausblick zu genießen.

Mutige ANNA – sich den eigenen Ängsten zu stellen gehört zum Schwersten. „M-U-T heißt Manchmal Unbekanntes Tun" habe ich einmal bei einer meiner Seminarleiterinnen gelernt. Mut tut gut!

Für ANNA war schon die Perspektive, auf den Turm steigen zu müssen, geschweige denn runterzuschauen, beunruhigend und bedrohlich. Bereits beim Hinaufsteigen zeigten sich körperliche Stresssymptome – Schwitzen, Übelkeit und Muskelschwäche. Warum? ANNA hatte zuvor schon mehrmals die unangenehme Erfahrung von Höhenangst gemacht. Der Wunsch ihrer Freundin, dem sie eigentlich gern nachkommen wollte, stand im Widerspruch zu ihrer Selbstschutzreaktion, eine Höhensituation zu vermeiden. Dazu kam ANNAs Befürchtung, sich vor anderen zu blamieren. Nicht erst der Blick von oben, sondern bereits der Gedanke, was alles passieren könnte, lösten in ANNA Stress und Kopfkino aus. Ihr emotionales Gedächtnis griff auf frühere Erfahrungen zurück und interpretierte den Stress nach einem bereits eingeübten Muster.

ANNA versuchte, dank ihrer Freundin, die Erste-Hilfe-Methode des bewussten Ein- und Ausatmens, um sich zu stabilisieren. Indem sie ihre Aufmerksamkeit weg vom Bedrohlichen auf etwas Neutrales lenkte, gewann sie Abstand. Ihr Atem wurde durch die Konzentration darauf automatisch ruhiger, was wiederum ihrem Gehirn „Entwarnung" signalisierte. Und dieses Bodyfeedback ließ sämtliche Stressreaktionen im Körper zurückgehen.

Daher konnte ANNA ruhig um den Turm gehen und sogar die Aussicht genießen. Ihr Erfolg erfüllte sie mit Stolz und ist Basis für künftige gute Erfahrungen. ANNA hat es so eingerichtet, dass sie sich in Situationen, in denen sie mit Höhenangst rechnen muss, ganz auf sich konzentrieren kann. Damit sorgt sie erfolgreich richtig gut für sich selbst.

Rückblick auf dieses Kapitel

- Sie kennen einfache stabilisierende Atemübungen wie die Erste Hilfe für die Seele (kräftiges Ein- und Ausatmen), das Atembeobachten und den „Entspannungsmuff".
- Sie haben erfahren, wie Sie Aufmerksamkeitsverschieben, Gedankenfokussieren und Achtsamkeitsübungen zur Selbststärkung einsetzen können. Sie kennen den Merksatz „Energie folgt der Aufmerksamkeit".
- Sie haben sich überlegt, wo Sie in Ihrem Alltag achtsam handeln können, um von negativen Gedanken und Gefühlen Abstand zu bekommen.
- ANNAs Geschichte von der Turmbesteigung hat Ihnen ein praktisches Beispiel gegeben, wie man sich durch Konzentrieren auf den eigenen Atem in einer unangenehmen Situation – hier Höhenangst – selbst helfen kann.

Zum Weiterlesen

Bodyfeedback:
Meine Literaturhinweise dazu finden Sie im Kapitel 3 „Kopf hoch am goldenen Faden" auf S. 47.

Achtsamkeit:
Vertiefendes Wissen zu Achtsamkeit bieten Ihnen mehrere Artikel im Heft *Psychologie heute* vom August 2008. Dort erfahren Sie auch einiges über die Achtsamkeitsbasierte Stressminderung („Mindfulness based stress reduction", MBSR) des amerikanischen Psychotherapeuten Jon Kabat-Zinn, die zurzeit in vielen Kursen gelehrt wird.

6. Dehnen und lockerlassen
oder
Wie wichtig Ent-Spannung ist und
wie Sie dafür sorgen können

Nein, in die Überschrift hat sich kein Schreibfehler eingeschlichen. Die „Entspannung" habe ich bewusst mit Bindestrich geschrieben. Damit möchte ich darauf hinweisen, dass auf An-Spannung Ent-Spannung folgen muss – sonst schaden Sie sich, physisch und auch psychisch. Nach körperlichen Aktivitäten wie z.b. dem Balancieren gönnen Sie im Idealfall Ihrem Körper erst Dehnen (neudeutsch „Stretching") und dann Ruhe, vielleicht sogar kombiniert mit Sauna und/oder Massage. Dadurch werden Ihre Muskeln, die durch die Anstrengung dick und kurz geworden sind, wieder schön lang und können sich im Anschluss für den nächsten Einsatz erholen.

Das Lockerlassen und Ausruhen ist auch beim Seelenbalancieren eine zentrale Phase. Erst dadurch werden Sie nach Aktivität und Belastung wieder fit und bleiben innerlich elastisch. Wenn wir uns entspannen, produziert das Gehirn messbar sogenannte Alpha-Wellen, die wiederum verbunden sind mit einem Empfinden des Wohlbehagens, mit gesteigerter Aufmerksamkeit, Kreativität und Offenheit. Umgekehrt führt Daueranspannung zu Dauerstress und im Extremfall zum derzeit breit thematisierten Burnout-Syndrom. Darauf werde ich im Kapitel zum Thema Stress im nächsten Teil des Buches eingehen. Dieses Kapitel widmet sich dagegen angenehmen Themen: der Entspannung, der Ruhepause und dem Schlaf.

Entspannungsmethoden

Autogenes Training, Progressive Muskelentspannung nach Jacobson, Qigong, Yoga – bestimmt haben Sie von dem einen oder anderen dieser Wege zur Entspannung bereits gehört oder vielleicht sogar schon einmal einen Kurs zum Erlernen besucht. Diese Methoden sind zum Teil sehr alt, kommen aus verschiedenen

Kulturkreisen, umfassen manchmal wesentlich mehr als den Entspannungsaspekt und verwenden in unterschiedlicher Gewichtung sowohl mentale als auch körperliche Techniken. Gemeinsam ist all diesen Methoden, dass sie einen befähigen, sich gezielt und tief zu entspannen – wenn man sie regelmäßig übt und anwendet. Inzwischen haben viele Krankenkassen den Wert entsprechender Kurse erkannt und fördern sie als Stressprävention, also zur Vorbeugung gegen schädliche Stressfolgen.

Die genannten vier klassischen Wege zur Entspannung werde ich Ihnen kurz skizzieren. Es gibt selbstverständlich noch viele andere. Ich habe diese ausgewählt, weil sie die in unserem Kulturraum wohl bekanntesten sind und weil ich sie im Laufe der Jahre selbst ausprobiert und schätzen gelernt habe.

Autogenes Training (abgekürzt AT): Hierbei wird mit Autosuggestion gearbeitet, also Formeln, die Sie sich innerlich selbst sagen. Sie konzentrieren sich beispielsweise auf den Satz „Mein rechter Arm wird ganz schwer" und wiederholen ihn mehrfach in Gedanken. Dies führt mit Übung tatsächlich zu stärkerer Durchblutung und damit zu Schwere und auch Wärme – eindeutige Entspannungszeichen. Entwickelt wurde das AT um 1930 von dem deutschen Psychiater Johannes Heinrich Schultz als „konzentrative Selbstentspannung", abgeleitet aus der Hypnose. Es ist leicht zu erlernen, anfangs am besten mit Anleitung, und ohne Hilfsmittel im Sitzen und Liegen anzuwenden.

Progressive Muskelentspannung (abgekürzt PME): Ungefähr zur selben Zeit wie Schultz sein Autogenes Training entwickelte der amerikanische Arzt und Physiologe Edmund Jacobson die Progressive Muskelentspannung oder -relaxation. Dabei spannt man bestimmte Muskelgruppen kurz an und lässt sie dann bewusst locker. Dies erhöht bei zunehmender Übung die Sensibilität für Verspannungen im Körper sowie die Fähigkeit, sich zu entspannen. Die Technik PME ist ebenfalls leicht erlernbar, meiner Erfahrung nach sogar über CDs oder Videos, und unkompliziert anzuwenden.

Yoga ist eigentlich keine Entspannungstechnik, sondern eine uralte indische Philosophie. Diese bezieht sich auf Körper, Geist und

Seele und enthält unter vielem anderen Bewegungs-, Meditations-
und Atemübungen. In der westlichen Welt werden unter Yoga
meist diese Aspekte verstanden. Yogapraktizierende schwärmen
davon, dass ihr Körper geschmeidig wird, sich Rückenbeschwer-
den lindern, sie sich insgesamt besser und energetischer fühlen
und sich durch das Training wunderbar entspannen können. Da
Yoga mit sehr unterschiedlichen Ausprägungen und Schwerpunk-
ten gelehrt wird, ist es wichtig, den Unterricht gezielt auszuwäh-
len, damit man das findet, was gut zu einem passt.

Qigong (ausgesprochen „Tschigong" oder „Tschigung") ist auch
keine reine Entspannungstechnik, sondern Teil einer uralten asia-
tischen Weisheitslehre, in diesem Fall aus China. Es beinhaltet
ebenfalls Bewegungs-, Meditations- und Atemübungen. Qigong
gehört zur Traditionellen Chinesischen Medizin, von der wir im
Westen vor allem Akupunktur und Akupressur kennen, und ist mit
dem „Schattenboxen" Tai Chi (auch „Taiji" geschrieben) verwandt.
Atmung, Konzentration und Bewegung werden so aufeinander
abgestimmt, dass der Energiefluss im Körper harmonisiert wird.
Qigong hat zum Ziel, Körper, Geist und Seele mit positiver Energie zu versorgen. Es regt das Herz-Kreislauf-System an, fördert
den Stoffwechsel und die Durchblutung, stärkt das Immunsystem
und sorgt für körperliche Elastizität und Spannkraft. Auf die Psyche wirken die Übungen ausgleichend und beruhigend oder auch
anregend.

Qigong habe ich bereits mehrfach in diesem Buch erwähnt. Ich
möchte Ihnen hier gern von meinen persönlichen Erfahrungen
damit erzählen. Qigong ist der Weg zur Entspannung, der mir persönlich am wohlsten tut und mir am meisten am Herzen liegt. Ich
kam eigentlich durch Zufall dazu: Ich wollte mit Anfang vierzig
meine alte Leidenschaft für Jazztanz aufleben lassen und nahm
probeweise in einem Tanzstudio am Unterricht teil. Weil einmal
eine Stunde ausfiel, probierte ich stattdessen aus purer Neugier
„Qigong" aus, das gleichzeitig angeboten wurde. Ich wusste darüber nicht viel mehr als „aus China, so etwas wie Schattenboxen,
langsam". Bereits nach einer halben Stunde war ich mir sicher,
dass ich auf jeden Fall wiederkommen würde: Mir gefielen die fan-
tasieanregenden Bezeichnungen wie „Sich auf Wolken setzen"

und „Den Regenbogen balancieren", die ruhige Entspannungsmusik und nicht zuletzt die sehr sympathische Lehrerin. Die harmonischen, spiralförmigen Bewegungen sprachen mich sofort
an – als ob mein Körper schon immer darauf gewartet hätte. Es
war wie ein Ankommen. Dort herrschte keine Leistungserwartung
wie beim Tanzen. Wir wurden im Gegenteil ermuntert, nur 70 Prozent des Möglichen zu geben und den Spiegel vollkommen zu
ignorieren. Ab dieser ersten Stunde wurde ich Qigongschülerin
und kann mir nicht vorstellen, damit je wieder aufzuhören. Schon
lange habe ich einfache Qigongbewegungen, die meist im Stehen
ausgeführt werden, in meine Selbststärkungsseminare eingebaut.
Die Teilnehmenden bestätigen mir jedes Mal aufs Neue die positive Wirkung auf Körper und Seele.

Für mich ist Qigong eine Bewegungsmeditation, die mir zu
einem guten Körpergefühl sowie zu innerer Ruhe und Stärke verhilft. Auf mich wirken meine Qigongstunden nicht nur als wohltuender Wochenbeginn, sondern haben mir sogar schon bei
Schmerzen geholfen. Offenbar wurden dabei Energieblockaden
gelöst. Sie kennen inzwischen ja meinen Ansatz, dass jeder
Mensch Unterschiedliches braucht und herausfinden sollte, was
ihm guttut. Ich wünsche Ihnen, dass Sie eine für sich ebenso passende Entspannungsmethode finden wie ich für mich „mein"
Qigong!

Haben Sie Lust auf eine kleine Entspannung für zwischendurch?
Dann lade ich Sie jetzt ein, Tropfkerze zu spielen. Für die, die nicht
wissen, was das ist: Tropfkerzen waren vor allem in den 70er-Jah-
ren beliebt. Sie wurden oft auf Weinflaschen gesteckt und gern als
Kneipendekoration verwendet, vor allem wenn mehrere Kerzen
nacheinander ihre Laufspuren hinterlassen hatten. Wenn die Kerze brennt, beginnt das spezielle Wachs sehr schnell und stark
abzutropfen. Dadurch wird die Kerze nach unten immer breiter,
ungefähr so:

Sie werden gleich verstehen, warum ich der Entspannungsübung
diesen Namen gegeben habe.

Die Tropfkerze

- Stellen oder setzen Sie sich bequem hin. Schließen Sie die Augen, wenn Ihnen das angenehm ist. Sie sind jetzt eine wohlriechende, farbige Tropfkerze.
- Ihr Kopf ist eine Kerzenflamme, die beweglich auf dem Docht, Ihrem Hals, flackert. An Ihrem Körper läuft von oben nach unten das Wachs ab, mit jedem Ausatmen mehr ... Ihre Arme sind schwer, es tropft von Ihren Fingern ... Je tiefer Ihre Körperregion liegt, desto breiter fühlt sie sich an ... Sie spüren, wie Ihnen warm wird ...Sie leuchten von innen ... Sie genießen dieses Gefühl warmer Schwere ... Falls Sie wieder richtig wach werden wollen, bewegen Sie erst die Hände und Füße. Räkeln Sie sich anschließend in alle Richtungen und öffnen am besten erst dann die Augen.

Anregungen für Pausen und Schlaf

Manche Menschen würden nach einer Übung wie dieser am liebsten sofort einschlafen – ein gutes Entspannungszeichen. Erinnern Sie sich an die menschlichen Energietankstellen im zweiten Kapitel? Pausen, Ruhe, Schlaf sind für Körper, Geist und Seele als Kontrast zur Aktivität unentbehrlich. Die Funktion eines „Power Naps", also eines kleinen Schläfchens zwischendurch, um danach umso leistungsfähiger und fitter zu sein, wird laut Zeitungsmeldungen sogar von einzelnen Firmen erkannt und den Angestellten in speziell dafür eingerichteten Ruheräumen erlaubt.

Zum Thema Schlafen möchte ich Ihnen ein paar erprobte Tipps geben, indem ich Ihnen von persönlichen Erfahrungen erzähle:

Vom Schlafen und Träumen

- Wann immer ich kann, versuche ich, mir einen Mittagsschlaf zu gönnen. Mein Trick ist, ihn wegen der Schlafphasen 20 oder 40 Minuten dauern zu lassen, damit er mich wirklich frisch macht. Ich stelle mir dafür meinen Küchenwecker und lege mich ohne den Anspruch hin, wirklich zu schlafen. Tatsächlich nicke ich meist im nächsten Moment schon ein und brauche inzwischen gar keinen Wecker mehr.

- Gerade für die Mittagsruhe kann ich eine Schlafbrille sehr empfehlen: ein mit Körnern gefülltes querformatiges Stoffsäckchen, das auf den Augenbereich gelegt wird. Es blendet Licht aus und hält mit wohltuender Kühle und Schwere die Lider geschlossen. Ich habe mir ein Modell mit Paisleymuster und Lavendelduft geleistet und verwende es immer wieder gern. Entspannend wirkt bei mir diese gedankliche Vorstellung: So wie die Schlafbrille angenehm schwer auf meinem Gesicht liegt, sinke ich mit meinem ganzen Körpergewicht in Sand oder in ein Moosbett ... mit jedem Ausatmen etwas tiefer ... und noch tiefer ...
- Ein anderer Weg, mich beim Ruhen wunderbar zu entspannen, ist für mich, an eine schöne Urlaubserinnerung zu denken, z.B. an einen duftenden Garten in der Provence im Frühsommer. Ich spüre – in Gedanken – den warmen Boden unter meinen bloßen Füßen, ich fühle die laue Luft, ich höre Mauersegler und Grillen, ich sehe den bunten Blumengarten, rieche den Ginster, die Rosen, die Minze. Wenn ich mir meinen nächtlichen Duftgarten vorstelle, erinnere ich mich genussvoll an Qigongübungen auf der Wiese bei Vollmond mit langen Schatten und an das Singen einer Nachtigall.

Schäfleinzählen ist eine bekannte Einschlafhilfe. Indem Sie sich auf die harmlosen Wolltiere konzentrieren, lenken Sie sich von belastenden Gedanken ab, was im Idealfall zur Entspannung führt. Hier biete ich Ihnen eine alternative Methode an, die sich nicht nur zum Einschlafen, sondern auch für kleine Tagträumereien auf dem Sofa eignet:

Mein Einschlaf-ABC
Gehen Sie anhand des Alphabets Ihnen angenehme Begriffe durch: Was mögen Sie sehr gern (vielleicht Abendrot, Bücher, Cookies ...)? Oder eingeschränkter und dadurch kniffliger: Was essen Sie gern? Was riechen Sie gern? Davon kann man viele weitere Varianten entwickeln: Namen von Menschen, die Sie gern haben, Orte, die Ihnen gut gefallen, und so weiter. Sie schlafen währenddessen bestimmt mit einem wohligen Gefühl ein.

Statt der reinen Fokussierung auf das eher mechanische Schafe-
zählen werden durch das Einschlaf-ABC positive Gefühle geweckt.
Sie wissen bereits aus dem ersten Kapitel zum Thema Sinneseindrücke und Vorliebenbiografie, dass dies über das emotionale
Gedächtnis funktioniert. Wenn Sie sich auf Erinnerungen, Eindrücke, Dinge, Lebensmittel etc. konzentrieren, die Ihnen ganz persönlich angenehm sind, bringen Sie sich über Ihr Gefühlsgedächtnis selbst in positive Stimmung. Dadurch wird wiederum
von Ihrem Gehirn Entspannung ausgelöst, die Sie leichter einschlafen lässt.

Noch intensiver funktioniert dieser Vorgang bei einer weiteren
Entspannungsmethode, die ich persönlich sehr schätze und mit
guter Resonanz bei Seminaren und Coachings anwende: bei der
Fantasie- oder Traumreise. Wie Sie inzwischen wissen, setze ich
zum Seelenbalancieren, also zur Selbststärkung und Entspannung, gern die Kraft der Fantasie ein. Die Sinneseindrücke, die
mithilfe des emotionalen Gedächtnisses die Reaktion „Angenehm, Entwarnung, Entspannung!" auslösen, müssen gar nicht
real sein – siehe meine oben erwähnte Urlaubserinnerung, die
bereits eine kleine Fantasiereise war, oder das Einschlaf-ABC. Es
genügt bereits die Vorstellung davon. Je intensiver und öfter wir
uns etwas vorstellen, desto realer erscheint dies unserem Gehirn.
Um eine entspannende Wirkung zu erreichen, ist es daher hilfreich, wenn bei Fantasiereisen möglichst viele positiv besetzte Sinneseindrücke verwendet werden. Je nachdem, was man mag, z.B.
das Gedankenbild, man liege am Strand, fühle den warmen Sand,
höre den Wellenschlag, rieche das Salz in der Luft. Oder auch der
Tagtraum von einer Lieblingsmelodie, dem Geschmack von frisch
gebackenem Kuchen und dem Duft von gerade gemahlenem
Kaffee.

Und jetzt Sie: Sie dürfen sich nun eine Fantasiereise selbst aus-
denken! Damit brauchen Sie zukünftig niemanden mehr, der
Ihnen eine vorgefertigte Fantasiereise vorliest – womöglich mit
einer Stimme oder Betonung, die Ihnen nicht gefällt – und keine
CDs, die andere produziert haben. Und was Sie für sich erschaf-
fen, wird es nur einmal auf der Welt geben. Es geht hier nur um
Sie, ganz individuell! Viele Menschen tanken in der Natur
besonders gut auf. Daher möchte ich Sie anleiten, sich Ihren

perfekten Fantasiegarten auszumalen. Sie sind bereits im ersten Kapitel bei ANNAs Geschichte, als ihre Sinne in der U-Bahn so arg strapaziert worden waren, darauf gestoßen. ANNA hat Ihnen dort vom Rückzug in ihren Fantasiegarten erzählt. Ihr eigener Garten wird so sein, wie er Ihnen persönlich am besten gefällt und guttut. Und Sie können immer wieder dorthin zurückkehren, wenn Sie Entspannung suchen. Vielleicht werden Sie feststellen, wie er sich im Laufe der Zeit verändert – er wird immer so aussehen, wie Sie ihn gerade brauchen. Vielleicht fällt Ihnen diese Form von Imagination anfangs leichter, wenn Sie dabei liegen und leise Entspannungsmusik hören.

Bitte halten Sie Buntstifte und Papier bereit.

Mein Fantasiegarten
Stellen Sie sich vor, Sie haben einen Garten geschenkt bekommen. Er ist genau so, wie Sie ihn sich erträumen. Sie besuchen ihn nun in Gedanken, gehen in ihm spazieren und nehmen alles intensiv in sich auf. Vielleicht helfen Ihnen folgende Fragen dabei:

- In welcher Landschaft liegt Ihr Garten?
- Hat er eine Umgrenzung? Wie sieht sie aus?
- Was sehen Sie? Welche Farben nehmen Sie wahr?
- Welche Gerüche erfüllen Ihren Garten?
- Was wächst dort? Möchten Sie etwas pflücken oder ernten?
- Was hören Sie?
- Gibt es einen Bach, einen Brunnen oder eine sonstige Wasserstelle?
- Bietet Ihr Garten eine Art von Unterschlupf?

Und nun halten Sie bitte Ihren wunderbaren, ganz persönlichen Garten wie ein Erinnerungsfoto mit einem Bild oder einer Skizze, am besten mit Buntstiften, fest. Malen, zeichnen oder skizzieren Sie einfach drauflos, keine Hemmungen! Es ist nur für Sie persönlich, kein Kunstwerk, das jemand bewerten wird.

Es wird Sie wahrscheinlich nicht wundern, dass ich das Erinnerungsbild an meinen eigenen Fantasiegarten als kleine Buntstiftzeichnung in mein Kraftbüchlein übertragen habe.

Wie wir alle kommt auch ANNA regelmäßig in Situationen, in denen sie eine kleine Entspannung dringend braucht, aber weder die Zeit noch einen Rückzugsraum, z.B. für einen Mittagsschlaf oder eine ausführliche Fantasiereise, zur Verfügung hat. Hier erzählt sie, wie sie sich an einem besonders anstrengenden Arbeitstag in kürzester Zeit zu neuer Frische verhelfen konnte:

Erschöpft

Vor einiger Zeit nahm ich an einer ganztägigen Besprechung teil. Es lief eigentlich ganz gut. Aber trotzdem merkte ich in der Mittagspause, wie erschöpft ich war. Ich fühlte mich im Nackenbereich verspannt, und mein Kopf war wie mit Watte verstopft. Schon bei der Vorstellung, dass nochmal zwei Arbeitseinheiten auf mich zukommen, wurde mir mulmig. Eigentlich wäre ich nach dem Essen in der lauten und vollen Kantine zur Erholung noch gern spazieren gegangen. Ich habe schon öfter die Erfahrung gemacht, dass mir das Auslüften im Kopf und am Körper guttut. Dafür war aber keine Zeit mehr; in zehn Minuten sollte es weitergehen. Also war Notfallprogramm angesagt: Ich suchte mir in dem Gebäude eine ruhige Ecke. Dort setzte ich mich so hin, dass ich mich unbeobachtet fühlen konnte. Ich schloss die Augen und machte die Atemübung „Mein Entspannungsmuff". Die mag ich so gern, weil sie so unkompliziert ist: Meine Hände und meinen Atem habe ich praktischerweise immer bei mir. Schon nach kurzer Zeit merkte ich, dass meine Hände warm wurden, meine Stirn sich glättete und ich mich gelassener fühlte. Meinem Nacken ging es auch besser. Um mich energiemäßig anzukurbeln, rieb ich dann noch meine Ohren an den Innen- und Außenseiten. Da niemand in der Nähe war, räkelte ich mich beim Aufstehen in alle Richtungen. Nach einem kräftigen Atemzug konnte ich wieder mit klarem Kopf und neuen Kräften pünktlich in den Arbeitsraum gehen.

Ich vermute, hier, am Ende der sechsten Lektion, könnten Sie die Interpretation von ANNAs Selbststärkungsgeschichte allmählich schon selbst erstellen. Also: Was spürte ANNA, und mit welchen Methoden reagierte sie darauf?

ANNA fühlte sich in jener Mittagspause erschöpft. Was sie wahrnahm, lässt sich als deutliche Stresssymptome an Körper (verspannter Nacken), Geist (Kopf wie Watte) und Seele (mulmiges Gefühl, wie sie den Rest des Tages überstehen soll) identifizieren. Sie hatte sich zwar durch das Mittagessen körperliche Energie zugeführt, fand aber keine Zeit für weiteres Auftanken und Stressabbau durch Bewegung. In diesem Zustand wären für den Rest des Tages sowohl ihre Beiträge als auch ihr Wohlbefinden schwer beeinträchtigt gewesen. ANNA beschloss, es stattdessen mit einer Mini-Entspannung und einer Sofortaktivierung zu versuchen. Dafür wandte sie eine Atem- und Fokussierungsübung („Entspannungsmuff", im Kapitel 5 auf S. 55) an. Um nach der Entspannung ihren Kreislauf wieder zu aktivieren, massierte sie die Energiepunkte an ihren Ohren. Dass ANNA erfolgreich war, sieht man an den körperlichen und seelischen Entspannungszeichen. Der abschließende kräftige Atemzug wirkte über das Bodyfeedback positiv auf ANNAs Befinden, sodass der Rest des Tages gerettet war.

Rückblick auf dieses Kapitel

- Sie haben einiges über die Unterschiede und Gemeinsamkeiten der vier klassischen Wege zur Entspannung (Autogenes Training, Progressive Muskelentspannung, Yoga und Qigong) erfahren.
- Sie kennen die „Tropfkerze" als wärmende Entspannungsübung.
- Neben einer Reihe von Tipps rund um Pause und (unter anderem Mittags-)Schlaf haben Sie die Einschlafhilfe „Mein Einschlaf-ABC" kennengelernt.
- Sie wissen, dass das emotionale Gedächtnis schon über die reine Vorstellung von Sinneseindrücken Wohlbefinden auslöst, z.B. bei Fantasie- bzw. Traumreisen.
- Sie haben sich Ihre eigene, ganz persönliche Fantasiereise „Mein Fantasiegarten" geschaffen und ein Erinnerungsbild davon gemalt.
- ANNAs Geschichte von ihrer Erschöpfung in der Mittagspause hat Ihnen gezeigt, wie Sie sich mit kleinen Übungen wie dem „Entspannungsmuff" und der Ohraktivierung selbst in kurzer Zeit zu neuen Kräften und klarem Kopf bringen können.

Zum Weiterlesen

Entspannungstechniken:

Bücher, Videos, CDs – es gibt neben Kursen inzwischen unterschiedlichste Möglichkeiten, sich unkompliziert Entspannungstechniken anzueignen. Auch im Internet wird unglaublich viel angeboten. Anleitungen finden Sie beispielsweise auf den Seiten von Krankenkassen. Am einfachsten geben Sie in eine Suchmaschine den Namen der jeweiligen Methode ein, die Sie sich zeigen lassen wollen, beispielsweise „Progressive Muskelentspannung".

Qigong:

Wer mehr über die Energiebahnen (Meridiane) des Körpers und über Akupressur erfahren will, findet in *Knaurs Atlas der Akupressur* von Bernard C. Kolster und Astrid Waskowiak anschauliche Informationen.

Eigentlich für Kinder geschrieben und wahrscheinlich genau deswegen so anwendungsbezogen ist das Buch *Gute Haltung, tierisch stark. Spielerische Rückenschule mit Qigong und Taiji* von Liane Schoefer-Happ, Dieter Allgaier und Cindy Wallin. Mit witzigen Zeichnungen und sehr gut nachvollziehbaren Geschichten von ziemlich menschlichen Tieren werden einfache, hilfreiche Körperübungen vermittelt.

Fantasiereisen:

Mein Hintergrundwissen zu Fantasiereisen habe ich aus dem Buch *Der fliegende Teppich* von Klaus W. Vopel. Es gibt jedoch inzwischen viel mehr Literatur dazu.

Wen Geschichten interessieren, die Autogenes Training und Fantasiereisen verbinden, wird bei Else Müllers Buch *Du spürst unter deinen Füßen das Gras* fündig.

7. Üben, üben, üben oder Warum es ohne nicht geht

Eine meiner Lieblingspostkarten, die an der Pinnwand über meinem Schreibtisch hängt, zeigt dreimal dasselbe Wort in großer Schreibschrift. In der obersten Zeile ist es krakelig, in der mittleren noch ungeübt und in der untersten perfekt geschrieben. Sie ahnen es: Das Wort lautet *üben*.

Das klingt jetzt in Ihren Ohren vielleicht öde nach Schule, kratzender Geige und nörgelnden Elternstimmen. Hilft nichts – wir kommen nicht drum herum, Üben gehört zum Leben. Egal ob ein Instrument oder eine Sprache, ob einen motorischen Ablauf wie Autofahren oder einen wie Babywickeln, ob Kochen oder Malen, Tanzen oder Schachspielen, selbst Küssen – wir müssen üben, um besser, sicherer und damit gelassener zu werden. Dies gilt für das körperliche Balancieren ebenso wie für das Seelenbalancieren.
Eigentlich ist es doch wunderbar zu wissen, dass wir uns lebenslang Neues aneignen können! In jedem Menschen schlummern ungeahnte Fähigkeiten und Talente, die wir selbst in hohem Alter noch neu entdecken und pflegen können. Mein absolutes Vorbild ist dabei eine meiner Großmütter, die mit 90 Jahren im Altenheim noch ein neues Musikinstrument zu lernen begonnen hat: eine sogenannte Veeh-Harfe, eine kleine Tischharfe mit spezieller, einfacher Notenschrift. Meine Großmutter spielt in der Gruppe und auch für sich allein mit großer Freude, und sie bekommt viel Anerkennung dafür.

Üben: Trampelpfad zur Routine

Vielleicht gefällt Ihnen zum Thema Üben und Lernen folgendes Bild besser als die Schulerinnerungen: Stellen Sie sich vor, Sie stehen auf der einen Seite eines zugewucherten Grundstücks und wissen, dass auf der anderen Seite etwas ganz Besonderes auf Sie wartet. Sie wollen dorthin, unbedingt. Also bahnen Sie sich einen Weg durch das Gestrüpp. Hurra, Sie haben es geschafft! Beim nächsten Mal wird es zwar wieder mühsam, aber ein bisschen weniger. Sie wissen jetzt immerhin schon, in welcher Richtung Sie am einfachsten durchkommen. Gut gelaunt und mit Kraft gelingt es Ihnen auch diesmal. Bei jedem weiteren Versuch bauen Sie Ihren persönlichen Hohlweg und Trampelpfad weiter aus, sodass es Ihnen immer leichter fällt, zu Ihrem Ziel zu gelangen. Irgendwann ist der Weg so klar erkennbar und bequem, dass Sie ihn sogar dann ohne Mühe gehen können, wenn Sie gerade wenig Kraft haben. Es wird selbstverständlich für Sie, ihn zu benutzen und so regelmäßig Ihren Wunschort zu besuchen. Romantisch Veranlagte denken beim Bild vom Trampelpfad vielleicht an einen verwunschenen Märchenwald (eine Mischung aus „Rapunzel" und „Dornröschen"?), abenteuerlichere Gemüter eher an einen wild wuchernden Dschungel, den sie mit der Machete durchkämmen. Das und auch Ihr ersehntes Ziel überlasse ich ganz Ihrer Fantasie.

Die Vorstellung vom Trampelpfad soll zweierlei zeigen: Sie schließt sowohl neue „Pfade" im Gehirn (neuronale Verbindungen) als auch leichtere Wege im realen „Alltagsdschungel" ein.

Sie schaffen sich durch die Wiederholung von Handlungen Alltagsroutinen, die sich immer mehr einschleifen, sodass sie nach einiger Zeit automatisiert ablaufen. So können Sie durch das Einüben neuer Muster alte ungeliebte Verhaltensweisen ersetzen. Rituale und Routinen helfen bei der Umsetzung guter Vorsätze. Dafür sollten Sie Ihr Vorhaben möglichst genau festlegen: wann, was, wie oft, wo und wozu. Man geht im Allgemeinen davon aus, dass circa 30 Wiederholungen zur Routine führen. Sehr unterstützend wirkt es dabei, wenn Sie sich Ihren persönlichen Gewinn ganz genau ausmalen und passende Erinnerungshilfen einsetzen.

Nehmen wir die Ich-lächele-mich-im-Spiegel-an-Übung als Beispiel:

- Sie haben hier vom Bodyfeedback erfahren und möchten sich künftig dessen positive Wirkung zunutze machen.
- Ihr Ziel ist es, regelmäßig schon morgens bei sich gute Gefühle und damit einen entspannten Start in den Tag auszulösen.
- Dafür nehmen Sie sich vor, sich regelmäßig, immer morgens nach dem Zähneputzen, im Spiegel anzulächeln. Zur Erinnerung kleben Sie sich einen Smiley an den Badezimmerspiegel.

Sie werden feststellen, dass Sie nach etwa einem Monat das Anlächeln automatisch machen und den Smiley bald womöglich gar nicht mehr wahrnehmen. Sie haben sich eine neue Routine angewöhnt. Glückwunsch!

Das Trampelpfad-Beispiel zeigt Ihnen auch, wie wichtig es für einen Lernvorgang ist, anfangs möglichst im guten, kräftigen, entspannten Zustand zu üben – also dann, wenn Sie optimistisch sind und sich nicht so leicht entmutigen lassen. Erst wenn die Bresche schon breiter und das Gras schon flacher getreten ist, werden Sie den neuen Weg auch beschreiten, wenn es Ihnen nicht so gut geht. Sonst wäre er viel zu mühsam. Sie würden gleich zu Beginn umkehren, ihn nach diesem Misserfolgserlebnis vermeiden und dann bald vergessen. Das alte Sprichwort *Spare in der Zeit, dann hast du in der Not* möchte ich übersetzen mit *Übe in guten Zeiten, dann hast du Erfahrung in schwierigen Zeiten* oder eben *Bahne dir deinen Weg, solange du Kraft dafür hast.*
     Bitte verstehen Sie mich jetzt nicht falsch. Ich will Ihnen nicht sagen, es habe keinen Sinn, das Seelenbalancieren zu üben, wenn es Ihnen nicht gut geht. Im Gegenteil: Ich möchte Sie mit diesem Buch ermutigen, jederzeit damit anzufangen! Bereits mit Kleinigkeiten tun Sie sich etwas Gutes. Mir ist nur wichtig, dass Sie sich nicht mit Erwartungen an sich selbst überfordern und realistisch bleiben. Entspannung gibt es nicht auf Abruf, Gewohnheiten stellt niemand von jetzt auf sofort um. Seien Sie geduldig und nachsichtig mit sich! Im Trampelpfad-Bild: Wenn Sie wirklich zu Ihrem Wunschziel wollen, werden Sie dorthin auch im angeschlagenen Zustand finden. Die Wahrscheinlichkeit, dass Sie gar nicht daran denken oder Ihnen der Aufwand zu hoch ist, ist jedoch ziemlich groß. In guten Zeiten sollten Sie also das Üben nicht vergessen. In harten Zeiten können Sie dann von Ihrer Erfahrung profitieren.
     Am Ende des Buches werden wir darauf zurückkommen. Dann werden Sie sich ein für sich und Ihre Lebenssituation passendes Set an Selbststärkungsmethoden und Erinnerungshilfen sowohl zur Akuthilfe als auch zur Prävention zusammenstellen können.

Schauen wir uns die bisherigen Kapitel des Buches nochmal mit Blick auf das Üben an:

Genuss mit allen Sinnen und Vorliebenliste (Kapitel 1): Sich selbst Gutes tun braucht Übung, wenn man es bisher zu kurz kommen ließ. Sich eine wohltuende Umgebung zu schaffen, geht nicht von heute auf morgen. Üben Sie am besten mit kleinen Schritten und überfordern Sie sich nicht mit dem Anspruch, in einem großen Wurf ganz viel auf einmal zu ändern.

Energietankstellen und Lebensfreudeliste (Kapitel 2): Das Wissen, wo sich Ihre Energietankstellen befinden, reicht nicht aus, Sie müssen sie auch regelmäßig anzapfen. Und auch hierbei gilt: Üben Sie in guten Zeiten! Denken Sie an die Maus Frederick: Sie sammelt die schönen Erinnerungen im Sommer, um Vorrat für den Winter zu haben. Wenn Frederick erst in der Not damit beginnen wollte, wäre es zu spät.

Gerade in angespannten, herausfordernden, belastenden und belasteten Situationen und Lebensphasen ist es wichtig, sich regelmäßig zumindest kleine Genuss- und Erholungseinheiten zu gönnen – stündlich, täglich, im Wochenverlauf, im Jahresverlauf. Legen Sie sich Erinnerungshilfen dafür zurecht und schaffen Sie sich feste Rituale, so wie ich mit meiner Cappuccinopause. Ein Tipp: Tragen Sie im Kalender Termine mit sich selbst ein: für Zeit, die Sie zum Auftanken nutzen wollen, und sei es mit Nichtstun.

Bodyfeedback und Achtsamkeit (Kapitel 3, 4 und 5): Aufrechte Haltung, lächeln, atmen: Damit haben Sie jederzeit drei ganz einfache körperliche Mittel zur Hand, sich in kurzer Zeit selbst in bessere, entspanntere Laune zu versetzen. Aber auch das will geübt sein. Alte Körpermuster sind nicht leicht zu verändern. Finden Sie auch hierfür Erinnerungshilfen wie den Smiley am Spiegel, die Sie beim Üben unterstützen! Oder vielleicht eine Krone auf einem Zettel am Kühlschrank, um sich an die königliche Haltung zu erinnern?

Entspannung und Pausen (Kapitel 6): Entspannungstechniken funktionieren ebenfalls umso leichter, je mehr man sie geübt hat. Wenn Sie sich also in guten Zeiten angewöhnt haben, beispielsweise beim Einschlafen eine kleine Fantasiereise oder in Arbeitspausen eine Aufwärmübung wie die „Tropfkerze" zu machen, können Sie in schwierigen Situationen auf Ihre damit entwickelte Fähigkeit zurückgreifen, sich schnell in einen Entspannungszustand zu bringen. Sehr Geübte können sogar durch pure gedankliche Konzentration etwa auf ihre Hände eine erhöhte Durchblutung erzielen.

Nach dem „Warum", dem „Was" und dem „Wie" beim Üben des Seelenbalancierens nun zum „Wo": Vielleicht kennen Sie den „Raum der Wünsche", den J.K. Rowling in ihren Harry-Potter-Büchern entwirft. Im Englischen heißt er „Room of Requirements", was den Sinn noch besser trifft. „Requirements" meint das, was man braucht. Dieser Raum öffnet sich einem unter bestimmten Bedingungen und ist optimal eingerichtet für das jeweilige Anliegen. Lassen Sie sich von dieser Idee inspirieren: Was würde denn der „Raum der Wünsche" für Sie bereithalten, wenn er zum Entspannen und Auftanken perfekt wäre?

Damit schließen wir einen Bogen zurück zur idealen Übungsumgebung, die ich ganz zu Beginn des Buches in Kapitel 1 angesprochen hatte. Zur Abrundung des Grundlagenteils dieses Buches werden Sie sich nun also entsprechend Ihren Vorlieben Ihren idealen, stärkenden Wohlfühlraum selbst schaffen. Dies können Sie vollkommen unabhängig von Geld, Zeit und Gelegenheit im richtigen Leben, weil es Ihre zweite Fantasiereise sein wird. Ich empfehle Ihnen wieder, Papier und Buntstifte für Ihr Erinnerungsbild bereitzulegen.

Mein Wohlfühlraum

Malen Sie sich in Gedanken einen Raum aus, der all das enthält, was Sie brauchen und gern hätten, um sich optimal entspannen zu können und zu Kräften zu kommen.

- Welche Materialien und Farben finden sich?
- Gibt es in dem Raum unterschiedliche Bereiche, etwa zum Träumen, zum Schlafen, zum Nachdenken, zum Lesen?
- Wonach duftet es in Ihrem Rückzugsraum? Vielleicht unterschiedlich in den verschiedenen Bereichen?
- Gibt es Blumen oder Grünpflanzen im Raum? In welchen Farben und Formen, mit welchen Düften?
- Welche Genüsse zum Essen und Trinken stehen für Sie bereit?

- Welche Musik wartet hier auf Sie? Wenn Sie entspannen wollen? Wenn Sie angeregt werden wollen?
- Wie ist die Raumtemperatur? Flackert vielleicht ein Kaminfeuer oder brennen Kerzen?
- Welche Lichtquellen gibt es? Können Sie sie regulieren?
- Was gibt es noch alles zu entdecken?

Ihrer Fantasie sind keine Grenzen gesetzt! Und zur Erinnerung halten Sie Ihren wunderschönen Wohlfühlraum mit einem Bild oder auch mit mehreren fest. Damit erinnern Sie sich auch später noch an die Details.

Vergleichen Sie Ihr Ergebnis doch mit den Genussgegenständen, die Sie am Anfang des Buches in Ihrer Wohnung zusammengesucht haben. Finden Sie einige davon in Ihrem Fantasieraum wieder? Wie und wodurch würde Ihre echte Wohnumgebung Ihrem gedanklichen Wohlfühlraum ähnlicher werden? Sie können immer wieder und jederzeit in Ihren Entspannungsraum der Wünsche zurückkehren; zum Tagträumen, als Einschlafhilfe, wofür auch immer Sie möchten. Damit machen Sie sich ein stärkendes Geschenk, das Sie gedanklich immer bei sich tragen.

Üben, üben, üben ... Wenn wir noch ungeübt sind und etwas Neues anfangen, ist dies oft mit Unsicherheit oder gar Angst verbunden. Ein Ausdruck davon ist Lampenfieber, das individuell sehr unterschiedlich stark ausfallen kann. ANNA erzählt Ihnen nun, wie sie mit einer akuten Lampenfiebersituation umgegangen ist:

Lampenfieber
Einmal hatte ich einen Part im Rahmen eines Elternabends übernommen. Ich war gut vorbereitet und fühlte mich in meinem Thema sicher. Allerdings kannte ich den Ort noch nicht, und niemand konnte mir sagen, wie viele Menschen kommen würden. Es war etwas ganz Neues für mich, und ich bereute schon fast, zugesagt zu haben. In der Stunde, bevor ich aufbrechen musste, war ich allein daheim. Für meinen kleinen Vortrag gab es nichts mehr zu tun, die Zeitung hatte ich auch schon gelesen, und auf Telefonieren hatte ich keine Lust. Allmählich merkte ich ein Grummeln im Bauch und spürte, dass ich leicht zu schwitzen begann. Ich ertappte mich, wie ich mir

immer farbiger ausmalte, was an diesem Abend alles schiefgehen könnte. Ich tigerte durch die Wohnung und landete schließlich im Bad. Dort gönnte ich mir eine kleine Maniküre und verband das spontan mit einer schönen Hand- und Fußmassage mit angenehm duftender Creme. Mir fiel ein, gehört zu haben, dass am Theater der Kick durch Lampenfieber als erwünscht gilt. Also beschloss ich, mich als Schauspielerin zu fühlen und mein Lampenfieber zu begrüßen. Immerhin hatte ich ja auch eine Art Auftritt vor mir. In der Wohnung war es sehr still, was mir nicht guttat und mir zu viel Raum für meine pessimistischen Gedanken gab. Vielleicht könnte mir ja Musik helfen – etwas Ruhiges oder etwas Lebhaftes? Ich legte eine meiner Gute-Laune-CDs ein und merkte sofort die belebende Wirkung: Im Rhythmus tanzte ich durchs Zimmer und merkte, wie sich meine Anspannung etwas löste und allmählich der Vorfreude Platz machte. Mein Partner musste sich, als er gerade während meines Aufbruchs heimkam, trotzdem die Frage anhören: „Kannst du mir sagen, warum ich mir das antue?" Seine Antwort „Weil du danach total stolz auf dich sein wirst!" half mir tatsächlich weiter: Auf dem Weg zur U-Bahn stellte ich mir, gestärkt mit einem Stück meiner geliebten Rahm-Mandel-Schokolade, deutlich vor, dass ich ihm bei meiner Heimkehr stolz erzählen würde, wie toll es gelaufen war. Und genau so war es dann auch!

Da bekam ANNA, kurz bevor es richtig ernst wurde, Angst vor der eigenen Courage, wie man manchmal sagt. Was sie in der Stunde, bevor sie zu ihrem Vortrag losmusste, körperlich wahrnahm, waren Stressreaktionen, die durch Adrenalinausschüttung verursacht wurden. Sich auf den exakten Einsatz von Nagelfeile und Nagellack zu konzentrieren war eine gedankliche Fokussierung, die ANNA von ihren düsteren Gedanken ablenkte. Mit der Hand- und Fußmassage aktivierte sie Energiepunkte. Die duftende Creme wirkte über die Nase und ihr emotionales Gedächtnis entspannend. Indem sie sich intensiv mit ihren Füßen beschäftigte, verschaffte sich ANNA einen guten Stand für den Rest des Tages. Gerade die Körperenden werden im Stress oft wie abgetrennt vom restlichen Körper wahrgenommen, kalt – weil schlecht durchblutet – und weit weg.

Eine sehr hilfreiche Umdeutungsleistung gelang ANNA, indem sie ihr Lampenfieber positiv umdeutete, seine aktivierende Funktion annahm und in die Rolle einer Schauspielerin schlüpfte.

Damit arbeitete sie nicht mehr gegen ihre Aufregung an, was diese wiederum senkte. Aus ihrer Genuss-Vorliebenliste wählte ANNA anregende Musik. Diese und das Tanzen – garantiert Teil von ANNAs Lebensfreudeliste – taten über ihr emotionales Gedächtnis ihrer Seele gut. Gleichzeitig baute sie über die körperliche Bewegung Stresshormone ab. ANNAs Partner kam genau im richtigen Moment, um als menschliche Energiequelle unterstützend zu wirken. Eine weitere Umdeutung war es, den Stolz gedanklich vorwegzunehmen. Damit dachte sich ANNA in Kraft, was wiederum durch die Körpersprache über Bodyfeedback auf ihre gute Laune zurückwirkte. Man sieht förmlich vor sich, wie ANNA mit beschwingtem Schritt, lächelnd und erhobenen Hauptes zur U-Bahn eilte. Das Stück Schokolade schließlich war eine kleine Genusseinheit für den Geschmackssinn, die über ihr emotionales Gedächtnis zur Entspannung beitrug.

Rückblick auf dieses Kapitel

* Das Trampelpfad-Beispiel hat Ihnen verdeutlicht, warum Üben so wichtig ist und dass Sie sich Rituale durch regelmäßige Wiederholung am besten in guten Zeiten schaffen.
* Sie haben gedanklich Ihre ideale Wohlfühlumgebung gestaltet: einen für Sie perfekten Rückzugsraum. Sie können ihn in Ihrer Fantasie, als Entspannungsort, immer wieder besuchen. Dabei helfen Ihnen Ihre gemalten Erinnerungsbilder.
* Mit ANNAs Lampenfiebergeschichte haben Sie eine Reihe von Möglichkeiten angewandt gesehen, sich selbst aus einer Aufregung herauszuhelfen.

Zum Weiterlesen

Macht der Gewohnheit:
Wie sich schlechte Gewohnheiten auf ihre Funktion hin analysieren und dann ändern lassen, beschreibt Charles Duhigg anschaulich am Beispiel seines nachmittäglichen Schoko-Cookies. Der Text im Heft *Psychologie heute* ist ein Auszug aus seinem 2012 veröffentlichten Buch *Die Macht der Gewohnheit. Warum wir tun, was wir tun.*

Jetzt bloß

nicht wackeln

oder

Wie Sie souverän

mit Irritationen und

Widrigkeiten

umgehen können

Im ersten Teil des Buches haben Sie die Grundlagen entspannten Seelenbalancierens erlernt. Dabei ging es vorrangig um Wohlbefinden und Entspannung. Jetzt kommt der Aufbaukurs. Im Mittelpunkt steht nun, wie Sie äußerlich souverän und innerlich flexibel auf Irritationen und Widrigkeiten reagieren können. Wir befassen uns damit,

- was eigentlich in Ihnen passiert, wenn Ihnen auf der Wippe des Lebens beim Seelenbalancieren der Wind entgegenbläst und Sie sich dadurch im Stress fühlen,
- wie Sie im richtigen Moment ein Ungleichgewicht durch Gedankenkraft ausgleichen können,
- wie Sie mit Ihren eigenen kritischen inneren Stimmen sowie
- mit den nicht immer freundlichen Kommentaren anderer Menschen konstruktiv und kräfteschonend umgehen können,
- mit welchem Gedankenbild Sie sich innerlich vor eventuellen Angriffen schützen können.

8. Von Lufthauch bis Windböe
oder
Subjektiver Stress und was er bewirkt

Unsere Kursbegleiterin ANNA hat in ihren Selbststärkungsgeschichten bereits von einer Reihe typischer Stresssituationen
und auch -reaktionen erzählt:

- Weil schwierige Termine vor ihr lagen, war ANNA angespannt
und empfindlicher als sonst. Ihre hochsensiblen Sinneswahrnehmungen lösten bei ihr Ekelgefühle aus.
- Im Saunaruheraum war sie von den Störungen genervt und
spürte sowohl Flucht- als auch Angriffsimpulse in sich.
- Beim „Bad body day" spielten ANNAs schlechte Laune und
ihre negative Körperwahrnehmung zusammen. Sie ließen sie
kraft- und konturlos dastehen und sich ebenso fühlen.
- Stress schlägt sich bei ANNA körperlich in Migräne und
Rückenschmerzen nieder, erzählt sie uns in „Wenn's wehtut".
- Ihre Höhenangst ließ sie verschwitzt, mit flauem Gefühl im
Magen, weichen Knien und gedanklichem Tunnelblick oben
auf dem Turm ankommen.
- Dass ANNA in der Mittagspause der langen Arbeitssitzung
erschöpft war, spürte sie an Körper, Geist und Seele zugleich:
an Verspannungen im Nackenbereich, Gedankenleere und
mulmigem Gefühl bei der Vorstellung, noch den ganzen Nach-
mittag arbeiten zu müssen.
- Und auch ANNAs Lampenfieber setzte ihr an mehreren Stellen gleichzeitig zu: Grummeln im Bauch, Schwitzen, pessimistische Gedanken, körperliche Unruhe.

Nach diesen Praxiserfahrungen, die Sie bestimmt in Varianten aus
Ihrem eigenen Leben kennen und die in weiteren ANNA-
Geschichten jeweils am Ende der nächsten Kapitel fortgesetzt werden, kommen wir nun zur Theorie: Was passiert in uns, wenn wir
im Stress sind? Was ist Stress eigentlich? Wie wirken sich akuter
und langfristiger Stress aus? Und was können Sie dagegen tun?

Stress und Urzeit-Stressreaktionen

Aktivierung, Aufregung, kurzzeitige Belastungen und das, was viele als „positiven Stress" kennen – sogenannter Eustress – sind nicht identisch mit echtem, schädlichem Stress, dem Disstress! Ein kurzzeitiger Energieschub, wie wir ihn z.b. von ANNAs Lampenfieber kennen, ist positiv und wünschenswert. Er hat eine hilfreiche Seite, die uns in die Lage versetzt, mobil zu werden und zu handeln. Wir profitieren dabei von einem Urzeitmechanismus, der uns befähigt, uns in Gefahrensituationen zu schützen. Dabei werden wir körperlich und geistig aktiviert.

Wirklich „im Stress" ist man erst, wenn die eigenen Bewältigungsstrategien nicht zu den gestellten Anforderungen passen. Stress ist also eine Überforderung, bei der wir körperlich und psychisch wie auf eine Bedrohung reagieren, ebenfalls seit Urzeiten. Sie stimmen mir wahrscheinlich zu, dass nicht jeder Mensch, der sich bereits bei kleinen Anforderungen als „sooo gestresst" bezeichnet, es nach dieser Definition auch ist.

Die genannten *Urzeit-Stressreaktionen* stecken noch voll und ganz in uns! Stellen Sie sich unsere Höhlenzeitvorfahren und die lebensbedrohlichen Gefahren, denen sie ausgesetzt waren, vor: große wilde Bären, die legendären Säbelzahntiger, nicht einschätzbare Naturgewalten und Ähnliches mehr. Eine Urzeit-ANNA hatte genau drei Reaktionsmöglichkeiten, nämlich angreifen, fliehen oder sich totstellen. So ähnlich wie hier skizziert – der Pfeil stellt jegliche Art von Bedrohung dar:

Urzeit-Stressreaktionen: raufen – laufen – wie tot

Achtung, der Säbelzahntiger kommt! Raufen oder laufen? Oder keins von beiden? In der Urzeit-ANNA spielte sich in dem Moment dasselbe ab, was bei unserer Heute-ANNA abläuft, wenn sie bewusst oder unbewusst etwas als Gefahr einstuft:

- Bei einer *Bedrohung* veranlasst ANNAs Gehirn blitzschnell eine Hormonausschüttung, unter anderem von Adrenalin, damit sie um ihr Leben kämpfen oder auch davonrennen kann. Dieses Hormon bewirkt, dass Heute-ANNA sich im Stress unruhig fühlt und schwitzt. Pulsschlag, Atemfrequenz und Blutdruck erhöhen sich. Durch die *Stresshormone* ist ANNA bei eventuellen Verletzungen nicht so schmerzempfindlich wie sonst – ein Effekt, den man von Unfall- und Kriegsopfern kennt. Der Muskeltonus ist hoch, das heißt, ANNA hat eine hohe Körperspannung. Sie reagiert schneller als vor der Bedrohung, aber mit höherer Fehlerquote. Nachdenken und Feinmotorik sind jetzt nicht gefragt. Das ist der Grund, warum Heute-ANNA sich im Stress ungeschickt bewegt, Dinge nicht findet oder sie fallen lässt. Ihre Sinne sind aufs Äußerste geschärft und damit empfänglich für Gefahrenreize in ihrer Umgebung – wir denken an Heute-ANNAs U-Bahn-Erlebnis („Genervt", S. 38). Nun könnte man meinen, Mutter Natur hat Urzeit-ANNA eine faire Chance gegeben, mit warmen Händen effektvoll zuschlagen und mit warmen Füßen gut davonlaufen zu können. Aber nein: Das Blut sammelt sich in der Körpermitte bei den überlebensnotwendigen Organen. Falls man an Armen oder Beinen schwer verletzt werden sollte, sinkt durch die verminderte Durchblutung die Gefahr, daran zu sterben. Das erklärt, warum Heute-ANNA im Stress buchstäblich „kalte Füße" bekommt und oft kalte Hände hat, was bereits in der traditionellen chinesischen Medizin als „Energiestau" beschrieben wird.
- Im *Angriffsmodus* sieht ANNA oft „rot", weil ihr Kopf als Sitz des Gehirns gut durchblutet ist. Allerdings ist das mit einem verengten Blick verbunden, denn es zählt gerade nur der Feind, sonst gar nichts. Um ihre Augen zu schützen, kneift sie die Augenbrauen zusammen. ANNA zieht den Kopf ein, nimmt die Schultern hoch und macht den Rücken rund, um an der Halsschlagader und an der Brust, beim Herzen, möglichst wenig Angriffsfläche zu bieten. Ganz wichtig: laut brüllen, den

Gegner einschüchtern! Vielleicht lässt er sich ja damit abschrecken und vertreiben. Psychisch ist ANNA im Kampf auf Aggressivität gepolt. Die tief in uns Menschen verankerte *Fluchtreaktion* erklärt, warum Heute-ANNA im Stress oft Magen-Darm-Probleme hat – Bauchgrummeln und Schlimmeres. Beim Weglaufen vor dem Urzeittier ist es wichtig, so wenig Ballast wie möglich in sich zu haben. Und Zeit für das große und das kleine Geschäft in aller Ruhe ist dann garantiert keine. – Also raus damit; das vegetative Nervensystem sorgt dafür. Der Volksmund hat entsprechend malerische Ausdrücke für jemanden, der Angst hat, also nervös und im Stress ist: „Konfirmandenblase", „Der hat Schi...", „Hosensch...", „Der hat sich vor Angst in die Hose gemacht" etc. Beim Weglaufen ist es wichtig, möglichst nur nach vorn zur rettenden Höhle zu schauen, nicht nach rechts und links. Das erklärt ANNAs Tunnelblick, wenn sie im Stress ist. Ihr Denken wird verengt, sie bekommt vieles um sich herum gar nicht mit. Sie verhält sich hektisch und hibbelig. Ihr Hauptgefühl dabei ist Angst.

- Viel weniger bekannt als das Kämpfen und das Fliehen ist das *Totstellen*, Urzeit-ANNAs letzte Chance, wenn weder Kampf noch Flucht möglich sind. Damit die hungrige Bestie nicht merkt, dass ihr potenzielles Opfer noch lebt, muss ANNA möglichst flach atmen und möglichst bleich und damit wie tot aussehen. Das Blut zieht sich also aus dem Kopf zurück. Denken ist in dem Moment nicht wichtig, sondern nur Passivsein. Kein Lidzucken darf sie verraten, der Verfolger ist sehr nah. Sie ist sprichwörtlich „starr vor Angst", „wie gelähmt vor Schreck" oder verliert sogar das Bewusstsein, wird also ohnmächtig, wörtlich „ohne Macht". Das erklärt bei Heute-ANNA den typischen Prüfungsblackout. Die berühmten „weichen" oder „schlotternden" Knie werden ebenfalls dadurch verständlich: Sie gehören zum schwachen Muskeltonus der Totstellreaktion. Auch ein „zugeschnürter Hals", eine leise, piepsige Stimme, Weinen und Zusammenkauern in Embryonalhaltung haben dort ihren Ursprung. Denn das Gefühl von Hilflosigkeit und Ausgeliefertsein herrscht vor.
- Überlebt! ANNA konnte erfolgreich dem Tiger seine Säbelzähne abnehmen, vor ihm davonlaufen oder ihn mit Totstellen

überlisten. Nun braucht sie dringend Entspannung und Erholung! Kommen die nächsten Angriffe jedoch zu schnell, schaltet ANNAs Körper auf Daueralarm um und wird über kurz oder lang unfähig, sich zu erholen und angemessen zu reagieren. Dann wird aus der akuten Stressreaktion chronifizierter Stress.

Sie sehen, wenn Sie den „Säbelzahntiger" generell mit „Bedrohung" ersetzen, stimmt der Text sowohl für die Urzeit-ANNA als auch für die Heute-ANNA, und damit genauso gut für Sie wie für mich. Sobald wir einen Schreck erleiden oder uns auf andere Weise äußerlich oder innerlich bedroht fühlen, spult unser Gehirn das ganze Urzeitprogramm ab. Sie kennen es am eigenen Leib in vielerlei Ausprägungen und in einer Mischung aller drei Varianten raufen / laufen / sich tot stellen.

Vielleicht können Sie jetzt umso besser nachvollziehen, warum ich das Wissen um das Bodyfeedback für so grundlegend für die Selbststärkung halte. Wenn wir Körperhaltungen einnehmen, die typisch für Stressreaktionen sind, signalisieren wir uns selbst, dass es uns gar nicht gut geht. Daher ist es schlichtweg das Gegenteil, das uns in Kraft und gute Laune hilft: aufrecht mit freier Kehle dastehen, tief atmen, die Stirn glätten, lächeln, für warme Hände sorgen, genau hinschauen und Details wahrnehmen, in mittlerer Lautstärke und Tonhöhe sprechen, achtsame Bewegungen, Blick auf das Positive. Dies alles hilft uns innerlich und auch im Kontakt mit unserer Umwelt! *Das Lächeln, das Du aussendest, kehrt zu Dir zurück* – dieser Sinnspruch aus meinem Kraftbüchlein gilt eben in mehrerlei Hinsicht.

Folgen von dauerhaftem Stress

An Urzeit-ANNA haben wir bereits gesehen, dass Erholung unabdingbar ist, um nicht in einem Erschöpfungszustand zu enden. Ständige Überlastung hat schwerwiegende Konsequenzen! Hier eine Liste von *chronischen Stressfolgen* – bestimmt nicht vollständig:
* *Gehirn*: Das Stresshormon Cortisol schädigt mit der Zeit die Gehirnzellen und kann unter Umständen die Wahrnehmung beeinträchtigen. Es drohen Kopfschmerz, Gereiztheit, Erschöpfung, Angstzustände, Depressionen und Burnout-Syndrom.

- *Lunge*: Bei Dauerbelastung können Atembeschwerden oder ein Gefühl von Atemnot auftreten.
- *Herz-Kreislauf-System*: Permanent erhöhter Blutdruck und beschleunigter Herzschlag verringern die Elastizität der Blutbahnen. Dadurch kann es zu Kreislaufschwäche, Herzrasen, Herzrhythmusstörungen und Herzinfarkt oder Schlaganfall kommen.
- *Verdauungssystem*: Dauerstress kann zu Übelkeit, Durchfall, Verstopfung und Magengeschwüren führen.
- *Geschlechtsorgane und Sexualität*: Bei längerem Stresszustand wird die Produktion der Geschlechtshormone gedrosselt. Es drohen Libidoverlust und Zyklus- bzw. Erektionsstörungen.
- *Muskeln*: Es kommt zu Verspannungen am ganzen Körper und damit oft auch zu Spannungskopfweh.
- *Immunsystem*: Das Immunsystem wird geschwächt. Infektionen, übersteigerte Immunreaktion gegenüber Einflüssen von außen (Allergien) und innen (Autoimmunerkrankungen) können die Folge sein.

Wenn das nicht viele gute Gründe sind, sofort mit Ent-Spannung zu beginnen ...

Individuelle Stress-Schwachstellen

Wir haben unterschiedliche *individuelle Schwachstellen*, an denen wir Stressreaktionen besonders intensiv wahrnehmen. Bei vielen Menschen äußert sich Anspannung z.B. als Nacken- und Rückenschmerzen, weil der Körper sich verspannt und verkrampft. Die Muskeln wären durch unsere Urzeitprogrammierung über die Hormone auf Kampf und Flucht eingestellt, dürfen dies in heutigen Zeiten aber nicht tun. Andere Menschen wiederum haben stressbedingt vor allem mit Magen-Darm-Problemen zu kämpfen oder reagieren mit Hautekzemen. Wer seine Schwachstellen kennt, kann sie als Stressanzeiger nutzen und immer besser vorbeugen.

In meinen Selbststärkungsseminaren lege ich an dieser Stelle ANNAs Körperumriss auf Pappe in Lebensgröße auf den Boden. Ich lasse in Kleingruppen überlegen und auf Kärtchen notieren, wo und woran ANNA wohl überall Stress spürt. Da kommt es regel-

mäßig zu intensiven Gesprächen über das, was die Teilnehmenden selbst am eigenen Leib kennen, von Kopf bis Fuß, innerlich
und äußerlich. Die arme ANNA ist jedes Mal von zig Karten mit
Schrecklichkeiten umringt – Stress pur ... Was würden denn Sie zu
dem Gespräch beitragen? Bitte denken Sie darüber nach und
notieren sich die Antworten auf die gleich folgenden Fragen.

Meine typischen Stress-Schwachstellen und -Reaktionen
Wo merken Sie typischerweise, dass Sie unter Druck sind,
sich belastet oder überlastet, bedroht oder verletzt fühlen
oder auf eine andere Art im Stress sind?
• körperlich
• in der Gedankenfärbung und im Denkvermögen
• an Ihren Gefühlen
Wie verhalten Sie sich in einer akuten Stresssituation bezogen auf die drei Urzeit-Reaktionen?
• raufen
• laufen
• sich tot stellen
Reagieren Sie schwerpunktmäßig mit einer der drei Varianten? Ist es also für Sie typisch, angriffslustig und laut zu werden? Oder eher hektisch und unruhig? Oder eher still, weinerlich und hilflos? Wie verändert sich beispielsweise Ihre
Stimme?

Es ist individuell ganz unterschiedlich und auch von der jeweiligen
Tagesform abhängig, was wir als Belastung einordnen! Mir ist bei
dieser Anleitung zum Seelenbalancieren sehr wichtig, Ihnen zu
verdeutlichen, dass Stress nichts Objektives ist, sondern etwas
Subjektives. Zwei Beispiele dazu: Der gleich hohe Stapel von Akten
auf dem Schreibtisch bedeutet für die eine Person schlichtweg Alltag, vielleicht sogar eine sportliche Herausforderung, für die andere ist er bedrohlich hoch, und sie fühlt sich regelrecht fertigge-
macht davon. Der eine Mensch blüht mit einer Schar von Kindern
um sich herum auf und kann das Beste aus sich herausholen, der
andere kriegt sprichwörtlich „die Krise" dabei: zu laut, zu vielfälti-
ge Anforderungen, zu viel Verantwortung, zu wenig Zeit für sich.
    Die eigenen Grenzen, Erfahrungen – denken Sie an die Macht
des emotionalen Gedächtnisses – und Handlungsmuster sind

sehr verschieden. Wer eine Warteschlange als Gelegenheit zur Mini-Meditation sehen kann, reagiert anders darauf als jemand, bei dem „Immer ich ...“ oder „Weg da!“ abläuft. Dabei liegt es zum Gutteil in unserer eigenen bewussten Entscheidung, wie wir etwas einordnen wollen! Darüber, wie Sie sich mit Genuss, Energie-spendern, Bodyfeedback und Entspannungsübungen aus dem Stress heraushelfen können oder ihn gar nicht erst aufkommen lassen, haben Sie schon viel in diesem Buch gelesen. Wie Sie auch Ihre Gedanken bewusst steuern können, z.b. um vermeintlich Bedrohliches umzudeuten, werde ich Ihnen in den nächsten Kapiteln erläutern. Letztlich dreht sich ja der ganze Balancierkurs für Ihre Seele um konstruktiven Umgang mit Stress.

Bewegung als Stressprävention und -bewältigung

Noch wenig eingegangen bin ich bislang auf die wichtige Rolle, die *körperliche Bewegung* für innere Balance spielt. Ein Beispiel war die tanzende ANNA mit Lampenfieber vor ihrem Vortrag. Ohne dass ich Sie jetzt pauschal zum Sport schicke, möchte ich Sie doch von der wichtigen Funktion von Bewegung als Stressprävention und -bewältigung überzeugen: Der Adrenalinabbau kann nämlich durch körperliche Aktivität beschleunigt werden. Für akute Stress-situationen bedeutet das, dass Sie sich mit einem flotten Gang um den Häuserblock oder mit Treppensteigen helfen können. Auch eine energische und schweißtreibende Putzaktion ist übrigens geeignet dafür.

Hier habe ich einen weiteren einfachen Tipp für Sie, um Adrenalin körperlich abzubauen und dabei die stressbedingt in den Armen gestaute Energie zum Fließen zu bringen.

Stressabbautrommel
In einer Situation, in der ich eine enttäuschende Nachricht erhalten hatte, machte ich eine Erfindung, die Auspowern ermöglicht, ohne das Haus für Sport verlassen zu müssen. Meine Stressab-bautrommel besteht aus einem Sitzball („Pezzyball“), den ich aufs Sofa lege und auf den ich abwechselnd in vollem Körpereinsatz mit den Fäusten schlage. Das ist kaum zu hören und stört die Nachbarschaft nicht. Damals kam mir ein Lied in den Kopf, in des-

sen Rhythmus ich eine Zeit lang trommelte. Zu meiner eigenen Überraschung brachte mich das bald nicht nur zum Schwitzen, sondern auch zum Lächeln. Damit war der Zweck erfüllt. Ich kann meine Spezialtrommel also voll und ganz empfehlen!

Kleine regelmäßige Bewegungseinheiten lassen sich gut in den Alltag integrieren, indem Sie z.b. auf dem Weg zum Bäcker einen kleinen Umweg einplanen, eine Station früher aus dem Bus oder der Tram aussteigen oder im Büro einen weiter weg gelegenen Kopierer benutzen. Und von den segensreichen langfristigen Wirkungen von Bewegungsformen wie Qigong und Yoga habe ich Ihnen bereits in Kapitel 6 „Dehnen und lockerlassen" berichtet.

Ausdauersportarten sind der beste Weg, um das Herz-Kreislauf-System belastbarer zu machen und den Blutdruck zu normalisieren; zu hoher Blutdruck wird niedriger und umgekehrt. Radfahren, gehen/(Nordic) walken/spazieren/wandern/laufen/langlaufen, schwimmen, tanzen – wohldosiert und den eigenen Möglichkeiten angemessen: Ist da etwas für Sie dabei?

Abschließend erzählt Ihnen nun ANNA passend zum Kapitelinhalt von ihren persönlichen Erfahrungen sowohl mit ernsthaften Stressfolgen als auch mit dem Laufen – ein Beispiel für Ausdauersport.

Überfordert

„Laufen ist nichts für mich, davon habe ich schon in der Schulzeit immer Seitenstechen bekommen. Außerdem ist es viel zu anstrengend. Ich kann das nicht." Davon war ich viele Jahre lang überzeugt. Dauerlauf, Trimm-dich-Pfad, Jogging – diese Moden konnten mich alle nicht locken. Erst mit Mitte dreißig fand ich tatsächlich doch noch am Laufen Geschmack.
Der unschöne Grund dafür war ein sogenanntes Erschöpfungssyndrom, wozu man heute wohl „Burnout" sagen würde. Da kam ganz viel zusammen, was in der Summe offenbar zu viel für mich war: belastete Lebenssituationen im Freundes- und Familienkreis, anspruchsvolle neue Aufgaben im Berufsleben und eine parallele Weiterbildung. „Ich schaffe das schon, ich bin für alle und alles da" war mein Mantra. Gemündet hat dies in Herzrhythmusstörungen. Die gute Nachricht: Rein organisch war ich gesund – die Herzstörungen waren offen-

bar seelisch bedingt. Nach ein paar Wochen Ruhe, in denen ich arbeitsunfähig geschrieben war, gingen die Herzhüpfer vorüber. Die schlechte Nachricht: Meine Psyche war noch mehrere Monate überempfindlich und überhaupt nicht mehr belastbar. Ich konnte keine ganze Zeitung mehr lesen, ertrug keine Musik parallel zu Gesprächen, lange Telefonate waren zu anstrengend für mich. Auf alles reagierte ich mit Weinerlichkeit und Überforderungsgefühlen. Ich kam mir vor, als wäre in mir ein Gummiband überdehnt worden, das sich nicht mehr, wie früher, elastisch zusammenziehen konnte.

Meine Ärztin riet mir das Laufen. Also gut, probieren wir es zu zweit. Während ich versuchte, mit meinem Partner mitzuhalten, machte ich mehrmals die frustrierende Erfahrung, dass ich nach bereits drei Runden mit Seitenstechen schlappmachte. Wusste ich es doch!

Der Kauf der Laufschuhe war jedoch trotzdem nicht umsonst. Ich brauchte sie für die Rehaklinik, in die ich für letztlich vier Wochen geschickt wurde. Dort standen für mich und die anderen Menschen, die echte Herz-Kreislauf-Probleme hatten, mehrmals pro Woche Schwimmen, Radeln auf dem Ergometer und eben auch Laufen auf dem Stundenplan. Uns wurde erklärt, wie wichtig es sei, durch Ausdauertraining den Ruhe- und den Belastungspuls zu verlangsamen und den Blutdruck zu normalisieren. Damit werde nicht nur der Körper belastbarer für Stressfolgen, sondern auch die Psyche.

Wir bekamen einen Lauftrainer, der uns sofort auf einen vier Kilometer langen Rundweg schickte. Nie und nimmer würde ich das schaffen! Doch, wir alle schafften es gleich beim ersten Mal, mit Pulsfrequenzuhr am Arm und guter Anleitung zum Aufwärmen vorher und Dehnen nachher. Erst durch den Trainer und mit Blick auf die Pulsuhr verstand ich, dass ich im Park viel zu schnell gelaufen war. Man sollte immer noch gut dabei reden können, ohne außer Atem zu kommen. Das Tempo meines Partners war für meinen Körper eher Rennen als Laufen im Ausdauerbereich gewesen.

Ich bin beim Laufen geblieben. Wenn möglich einmal pro Woche 35 bis 40 Minuten, sechs bis sieben Runden in unserem Park, in meinem eigenen Tempo, das zugegebenermaßen sehr langsam ist. Mein Blutdruck und mein Ruhepuls haben sich tatsächlich positiv verändert. Ich konnte auch schon mehrere Freundinnen, die klagten, das Laufen sei für sie zu anstrengend, erfolgreich überzeugen: „Du brauchst zum Anfangen nur gute Schuhe und einen Sport-BH. Eine Pulsuhr kannst du dir sparen, wenn du den Satz ‚Laufen ohne zu schnaufen' beher-

zigst. Fange ganz langsam an und finde heraus, was dein eigenes opti-
males Tempo ist, egal, was andere davon halten. Probiere aus, ob du
lieber allein oder mit anderen, lieber mit Musik im Ohr oder ohne lau-
fen magst. "
Das Erschöpfungssyndrom war für mich der Auftakt, zur Schülerin im
Seelenbalancieren zu werden. Ich musste lernen, meine Grenzen zu
finden und auch zu verteidigen, anderen und mir selbst gegenüber. „Es
ist okay, dass ich nicht alles schaffe. Ich passe auf mich auf. Und ich
darf mir mehr Raum für meine eigenen Bedürfnisse nehmen. " Mit die-
sen Sätzen geht es mir besser als zuvor mit meinem viel zu hohen
Anspruch an mich selbst. Und das Laufen in der Natur macht mir
inzwischen großen Spaß, weil ich währenddessen meine Gedanken so
schön ziehen lassen kann. Mir kommen dabei die besten Ideen!

Vieles von ANNAs Geschichte vom Entdecken und Respektieren
der eigenen Grenzen und des eigenen Tempos ist selbsterklärend.
Aber auf einige Punkte möchte ich dennoch eingehen.

Das Erschöpfungssyndrom, das ANNA erleiden musste, hatte
eine Reihe von Ursachen. Sie selbst war nicht in der Lage, sich von
den vielfältigen Anforderungen abzugrenzen. Dass sie für andere
da war und intensiv arbeitete, brachte ihr vermutlich auch Anerkennung ein. Weder achtete ANNA auf die bestimmt vorhandenen
Stimmen in sich, die sie vor Überforderung warnten, noch hatte
sie eine Form von gedanklichem Schutzschild für ihre Seele. Ihr
Anspruch, alles zu schaffen, war ihr sehr kräftiger Antreiber.
ANNA nahm sich die Häufung von Problemen und Herausforderungen zu sehr „zu Herzen", sie ging ihr „mitten ins Herz". Ihre
Seele reagierte auf dem Umweg über ihren Körper und sorgte so
dafür, dass die Überlastung nicht mehr zu ignorieren war. Die Weinerlichkeit gehörte zur Totstell-Stressreaktion mit den Gefühlen
von Hilflosigkeit und Ausgeliefertsein. Später fand ANNA positive
Kraftsätze, mit denen sie sich erlaubt, auf sich selbst aufzupassen
und sich zu schützen.

Dass ANNA sich aufgrund schlechter Erfahrungen in der
Jugend sicher war, sie sei unfähig zum Laufen, ist ein typisches
Beispiel für die Macht des sogenannten inneren Kritikers. Damit
programmierte sie sich gedanklich selbst auf Misserfolg. Sich am
Tempo ihres Partners statt an ihren eigenen Bedürfnissen und
Fähigkeiten zu orientieren, bewirkte bei ihr erneut ein Gefühl der

Schwäche und des Scheiterns. ANNAs Glück im Unglück war das angeleitete Training zu einer anderen Art der Fortbewegung, nämlich ihrem eigenen Körper und Tempo entsprechend. Durch die Erfolgserlebnisse damit fand sie sogar Spaß am Laufen. Ihr Motiv ist inzwischen weniger der medizinische Effekt, sondern mehr die Freude am Naturerlebnis und an der gesteigerten gedanklichen Kreativität. Laufen ist für ANNA Bewegungsmeditation.

Rückblick auf dieses Kapitel

- Sie wissen, dass Stress eine Überforderung darstellt, bei der wir körperlich und psychisch reagieren, als ob wir bedroht würden. Im Gegensatz dazu ist eine Aktivierung wünschenswert.
- Die vom Säbelzahntiger verfolgte Urzeit-ANNA und die Heute-ANNA haben Ihnen die drei Stressreaktionen Kampf, Flucht und Totstellen veranschaulicht.
- Sie kennen die negativen Langzeitfolgen von chronifiziertem Stress für Körper, Geist und Seele.
- Sie haben sich Ihre eigenen typischen Stress-Schwachstellen und -reaktionen verdeutlicht.
- Sie haben eine Reihe von Möglichkeiten des Adrenalinabbaus durch Bewegung, unter anderem die „Stressabbautrommel", kennengelernt.
- ANNAs Geschichte von ihrem Erschöpfungssyndrom und wie sie zum Laufen kam, hat Ihnen Hintergrundwissen über Langzeitfolgen von Stress und beispielhaft über eine Ausdauersportart verschafft.

Zum Weiterlesen

Stressbewältigung:
Wer maximal viele Tipps für jeden Tag bei kleinstem Format sucht, wird im Büchlein *Weg mit dem Stress. Entspannt und effektiv im Job* von Christine Öttl und Gitte Härter fündig, das man gut in der Hand- oder Hosentasche mitnehmen kann.

Sehr informativ finde ich das mit vielen Selbsttests ausgestattete Buch *Stressmanagement. So beugen Sie dem Burnout vor!* von Claudia Fiedler und Hans Plank, ebenfalls im kleinen Format.

9. Schwankungen ausgleichen mit Köpfchen
oder
Die Macht von Bildern und Worten

Kennen Sie den Satz *Betrachte etwas als schwer, und es ist schwer?*
Ähnliches meint Seneca: *Nicht weil die Dinge schwierig sind, wagen wir sie nicht, sondern weil wir sie nicht wagen, sind sie schwierig.* Beide stehen natürlich in meinem Kraftbüchlein, wie Sie gewiss schon vermutet haben. Diese Weisheiten beziehen sich auf die negative Kraft unserer Gedanken. Das, was uns von klein auf über uns eingeredet wurde („Du hast einfach keine Ader für Mathematik, das wirst du nie lernen") oder wovon wir selbst überzeugt sind („Ich bin einfach nicht sportlich", „Ich kann nicht laufen" – siehe ANNA), wirkt nach und schlägt sich im Handeln nieder. Leider sind wir meist viel besser darin, uns zu sagen, was wir NICHT können, als uns zu ermutigen.

Bestimmt haben Sie die entsprechende Erfahrung schon gemacht: Was wir unsicher oder ängstlich angehen, hat geringere Chancen zu gelingen. Warum? Mit unseren pessimistischen Gedanken signalisieren wir uns selbst Stress, was wiederum unser Denken verengt und unseren Körper anspannt. Von dieser Wirkungskette haben Sie bereits ausführlich beim „Bodyfeedback" erfahren. Es passt für echtes Balancieren genauso gut wie für Seelenbalancieren.

Sie ahnen schon, was kommt – auch hier gilt die Umkehrung. Was wir optimistisch angehen, hat bessere Chancen zu gelingen! Mit der Kraft positiver Gedanken signalisieren wir unserem Gehirn Entspannung und Gelassenheit. Entsprechend bekommen wir einen klaren Kopf und einen (vergleichsweise) elastischen Körper. Gedanken, Gefühle und Körperreaktionen hängen eben eng zusammen. In diesem Kapitel und den drei folgenden möchte ich Ihnen eine Reihe von *Methoden des Gedankenlenkens* zeigen.

Gedanken ins Positive lenken

Hier ein kleines Alltagsbeispiel, das den Mechanismus verdeutlicht – im wahrsten Sinne des Wortes „Küchenpsychologie": Das Hochwerfen und dabei Wenden von Pfannkuchen gelingt mir, seitdem ich es mit dem innerlich ausgesprochenen Satz „Ich KANN das!" verbinde. Das stimmt wirklich! Als ich noch an dem Gedanken hing „Nie und nimmer!", stockte meine Hand im letzten Moment, und entsprechend blieb der Fladen in der Pfanne kleben.

Von der Küche in den Lehrsaal: Wissenschaftlich gesprochen beschäftigen wir uns gerade mit dem sogenannten *Konstruktivismus*. Das ist ein Denkansatz in vielen Disziplinen, unter anderem der Psychologie, der Soziologie und der Philosophie. Er geht davon aus, dass das, was wir über unsere Sinne von der Welt wahrnehmen, nicht die tatsächliche Wirklichkeit abbildet, sondern dass unser Gehirn die Realität – unsere jeweils subjektive Realität! – erst konstruiert. Vereinfacht ausgedrückt bedeutet das, wir schaffen uns unsere Wirklichkeit selbst. Sie kennen das im Negativen bei „getrübter Linse", stressbedingtem Tunnelblick, beängstigendem „Kopfkino" und ähnlichen einschränkenden Gedankenfiltern. Es ist dieselbe Welt um uns, die wir depressiv gestimmt in Grautönen, dagegen frisch verliebt oder nach Erfolgserlebnissen als kräftig farbig wahrnehmen.

Auch ohne Euphoriezustand können wir zu einem gewissen Grad selbst entscheiden, wie wir die Welt sehen und verstehen wollen! Auf das Seelenbalancieren angewandt: Durch unsere Überzeugungen über uns selbst oder auch über andere halten wir uns in einem Zustand der Schwäche oder erlauben uns Stärke. Die Chance liegt darin, dass wir an unseren begrenzenden Denkmustern und Einstellungen arbeiten können. Der erste Schritt ist immer, sich ihrer bewusst zu werden.

Ein seit Jahrtausenden bewährter Weg zu dieser Bewusstwerdung sind *Weisheitsgeschichten*, oft auch in Form von Tierfabeln. Mit vier Kurzfassungen möchte ich Ihnen Denkanstöße geben. Kennen Sie die Geschichte ...

- vom Elefanten, der nach wie vor angepflockt bleibt, obwohl er mit Leichtigkeit das Seil an seinem Bein abreißen könnte? Er war bereits als Elefantenkind angebunden worden und ein paarmal beim Befreiungsversuch gescheitert. Mit der Zeit hat er gelernt, seine Gefangenschaft nicht infrage zu stellen ...

* von den Affen, die ein Wettklettern in die obersten Baumwipfel veranstalteten? Alle anderen hatten bereits aufgegeben, nur einer reagierte nicht auf die Warnrufe der Untenstehenden, sondern kletterte höher und höher. Warum? Das stellte sich heraus, als der Sieger wieder am Boden war: Er war taub.

* von den zwei Fröschen, die versehentlich in den Sahnetopf gefallen waren? Der eine ging vor lauter Verzweiflung und Mutlosigkeit bald unter und ertrank. Der andere glaubte fest daran, das könne und dürfe nicht sein Ende sein, und strampelte immer weiter. Endlich spürte er Halt und konnte hinausspringen – aus der Sahne war Butter geworden.

* vom Mann mit dem Hammer? Ein Mann brauchte einen Hammer und überlegte, seinen Nachbarn darum zu bitten. Dann begann er zu grübeln: Womöglich wollte der ihm gar nicht helfen? Und überhaupt hatte der ihn schon länger so seltsam angesehen ... Letztendlich klingelte der Mann bei dem Nachbarn und schleuderte ihm den Satz „Behalten Sie Ihren blöden Hammer!" entgegen. (Diese Geschichte stammt passenderweise aus der *Anleitung zum Unglücklichsein,* siehe unten im Abschnitt „Zum Weiterlesen".)

Worte haben Macht. Sie steuern die Richtung unserer Gedanken und damit auch unserer Gefühle. Ich möchte Sie an den Leitsatz *Energie folgt der Aufmerksamkeit* aus dem Kapitel zum Aufmerksamkeit-Verschieben und zur Achtsamkeit erinnern. Daher sollten Sie wirklich gut darauf achten, was Sie sowohl innerlich als auch laut ausgesprochen äußern. Gehören Sie zu den Menschen, die mit sich selbst schimpfen und sich für blöd/unfähig/schwach erklären? Wir werden im nächsten Kapitel auf diese inneren Stimmen zurückkommen.

Bitte gehen Sie – auch – in Worten vorsichtig mit dem Menschen um, der Ihnen am nächsten steht, also mit sich selbst. Daher hier ein Tipp für Sie, falls Sie morgens schwer aus dem Bett kommen, sich noch gar nicht fit fühlen und am liebsten überhaupt nicht sprechen möchten:

Tipp für Morgenmuffel
Formulieren Sie in der ersten halben Stunde nach dem Aufstehen keine Aussage, weder in Gedanken noch äußerlich, wie es Ihnen gerade geht. Geben Sie erst mal Ihrem Kreislauf die Chance, in Schwung zu kommen, und Ihrer Seele Zeit, sich mit dem Tag anzufreunden. Was hilft Ihnen? Kaffee, eine Dusche, fetzige Musik aus dem Radio, komplette Ruhe für sich? Seien Sie sicher: Das wird schon!

Nun wäre es ungünstig, wenn bei Ihnen der „Rosa-Elefanten"-Effekt einträte. Die Vorgabe „Denken Sie NICHT an einen rosa Elefanten" löst nämlich bei den allermeisten Menschen ein deutliches Gedankenbild eines solchen Tiers aus. Unser Gehirn kann leider schlecht mit „Nicht"-Aussagen umgehen. Dem „rosa Elefanten" entspricht bei der Morgenszene der Gedanke „Ich darf nicht daran denken, dass ich mich so müde fühle ...". Als Gegenmittel möchte ich Ihnen den „Gedanken-Stopp" erläutern.

Gedanken-Stopp
Die Methode des „Gedanken-Stopps" können Sie immer einsetzen, wenn Sie merken, dass Sie aus einer Gedankenspirale nicht herauskommen. Bestimmt kennen Sie es, dass Sie sich manchmal beim Einschlafen mit düsteren, negativen Gedanken quälen. Sobald Sie merken, dass es wieder so weit ist, setzen Sie sich innerlich energisch ein Stopp-Schild:

Gehen Sie dann die letzten Gedanken zurück – so ähnlich wie bei der Rückgängig-Taste am Computer –, bis Sie am Auslöser Ihres Gedankens angelangt sind. Damit haben Sie den Fokus bereits verschoben und sind von dem belastenden Gedanken ein Stück fortgerückt.

Meine gerade verwendete Formulierung, dass Sie sich manchmal beim Einschlafen quälen, trifft es übrigens genau: SIE selbst quälen sich nämlich! Ich spreche aus eigener Erfahrung. Früher habe ich x-mal in Gedanken wiederholt und anderen Menschen erzählt: „Und dann hat er doch tatsächlich gesagt ... Das macht mich echt fertig!" Immer wieder, Sie kennen das vielleicht. Erst als ich verstanden hatte, dass besagte Person den mich so verletzenden Satz genau EINMAL gesagt hat, ich ihn aber zu mir immer wieder, wurde mir klar, dass ich mir damit selbst etwas antue. Warum und in welchem Ton jener Mensch das gesagt hat, bleibt dahingestellt. Aber die negative Wirkung habe eindeutig ICH verstärkt und sozusagen in mir lebendig gehalten. Wenn es Ihnen auch so geht: Übernehmen Sie in Ihrem eigenen Interesse die Verantwortung und steigen Sie aus diesem Gedankenkarussell aus!

Selbstbeeinflussung/Autosuggestion

Autosuggestion ist der Fachausdruck dafür, sich selbst zu beeinflussen, in negative und auch in positive Richtung. Sie kennen aus diesem Buch schon einige Autosuggestionsübungen: Dazu gehören alle mentalen Entspannungs- und Fokussierungsübungen wie die Tropfkerze, das Einschlaf-ABC, aber auch die Fantasiereisen. „Autogenes Training" („Mein rechter Arm ist ganz schwer ...") ist ebenfalls nichts anderes als *Selbstbeeinflussung*.

Mit unserer *Sprache* – z.B. mit Kraftworten und Kraftsätzen – und auch mit *inneren Bildern* können wir durch Autosuggestion Einfluss auf unser Unterbewusstsein nehmen. Hier kommt wieder das emotionale Gedächtnis ins Spiel: Es behandelt Begriffe und Bilder wie reale Sinnesreize und interpretiert sie aufgrund von Vorerfahrungen. Bei positiv besetzten Vorstellungen werden dadurch Gefühle und Körperreaktionen von Entspannung und Wohlbefinden ausgelöst. Dies können wir uns zunutze machen.

Begriffe ersetzen

Dazu gleich ein Anwendungsbeispiel, sozusagen aus gegebenem Anlass: Falls Sie der Begriff „Kraftwort", den ich im Sinne von „kraftspendendes Wort" meine, negativ an einen „Kraftausdruck" erinnert, möchte ich Sie ermuntern, ihn durch ein anderes Wort zu ersetzen. Welche Formulierung gefällt Ihnen besser? „Zauberwort" vielleicht? Diese Methode kann ich Ihnen sehr empfehlen.

Ersetzen Sie für sich in Ihrem Alltag, beispielsweise bei Arbeits-
aufträgen, Wörter/Begriffe/Namen, die Ihnen unangenehm sind,
durch angenehme, möglichst sogar fantasie- oder humorvolle.
Die Zeitinvestition, sich dafür etwas zu überlegen, lohnt sich!

Wenden wir uns zunächst den Kraftworten (ich bleibe bei diesem
Begriff) und Kraftsätzen zu. Ich möchte Ihnen das Vorgehen an
meinem eigenen Beispiel erläutern. Meinen ganz persönlichen
Kraftsatz zur Bewältigung von Schwierigkeiten kennen Sie bereits
vom Buchtitel. Er heißt *Ich wünsche mir Gelassenheit.* Die Formulierung als Wunsch hat sich für mich besser bewährt als die Aussage „Ich bin gelassen". Da fängt ganz schnell etwas in mir an,
sich zu wehren und zu flüstern „Stimmt doch gar nicht ...". Damit
grenze ich mich ab von den weit verbreiteten Formeln à la „Ich bin
reich", „Ich bin erfolgreich", die man sich angeblich nur oft genug
vorsagen muss, um die Aussage Wirklichkeit werden zu lassen.
Diese Variante von „positivem Denken" erscheint mir zu schlicht
– so sehr ich davon überzeugt bin, dass es hilft, allen Ereignissen
etwas Positives abzugewinnen.

Den Wunsch – in meinem Fall nach Gelassenheit – verbinde ich
mit einer bestimmten inneren Grundhaltung, die ich Ihnen ans
Herz legen möchte: „Dies wäre es, was ich mir von einer Fee (oder
meinem Schutzengel, vom lieben Gott oder vom Universum)
erbitten würde, wenn ich dürfte. Ich verspreche, ich werde dankbar damit umgehen und dieses Geschenk nicht als Selbstver-
ständlichkeit ansehen."

Ich habe mir diesen speziellen Kraftsatz ausgewählt, weil ich in
Situationen, in denen ich unter Druck gerate, zur Hektik neige und
dann Gefahr laufe, den Überblick zu verlieren. Auch an Körperver-
spannungen spüre ich die Be- oder gar Überlastung. Das Gegenteil davon ist für mich Gelassenheit, sie ist mein Ziel. Sie würde
mir helfen, heil durch die jeweilige Situation oder Lebensphase zu
kommen. Dann könnte ich souverän und ruhig mit den Dingen
umgehen, und würde mich nicht unnötig aufregen. Ganz nach
dem Satz aus meinem Kraftbüchlein: *Gelassenheit ist eine anmuti-
ge Form des Selbstbewusstseins* (Marie von Ebner-Eschenbach,
österreichische Schriftstellerin, 1830–1916).

Schon das Wort selbst, mit Genuss in Gedanken ausgesprochen und mit intensivem Ein- und Ausatmen verbunden, wirkt auf

mich ein bisschen entspannend. *Gelassenheit* ist also mein Kraftwort, das mir hilft, tatsächlich gelassener mit den Herausforderungen des Lebens umzugehen und auf der bildlichen Wippe wieder in ein neues Gleichgewicht zu kommen.

Und was wünschen SIE sich? Vermutlich müssen Sie sich jetzt erst einmal eine typische schwierige Situation überlegen. Brauchen Sie als Gegenmittel Ruhe, Autonomie, Kraft, Mut, Abstand, Humor, Selbstbewusstsein, Konsequenz ...? Oder ebenfalls Gelassenheit? Bitte nehmen Sie wieder Stift und Papier zur Hand und notieren Sie sich das Ergebnis Ihrer Gedanken.

Mein Kraftwort und mein Kraftsatz

*   Für welche schwierige Situation suchen Sie Unterstützung? Wie reagieren Sie dabei typischerweise körperlich (Schwachstellen, Haltung, Stimme etc.), beim Denken, emotional?
*   Welches Gefühl oder welchen Zustand würden Sie gern auslösen? Welcher Begriff trifft es? Dies ist Ihr Kraftwort.
*   Mit welcher Körperhaltung und eventuell Handbewegung können Sie Ihr Kraftwort am wirkungsvollsten und treffendsten aussprechen? Probieren Sie es aus.
*   Setzen Sie Ihr Kraftwort ein: „Ich wünsche mir ...". Damit haben Sie Ihren persönlichen Kraftsatz, der Sie aufbaut. Versuchen Sie, so bald wie möglich, Ihren Kraftsatz innerlich anzuwenden. Sie wissen ja: üben, üben, üben ...

Nach dieser Beschäftigung mit belastenden Situationen haben Sie sich eine Entspannungsübung verdient, finde ich. Ihre Wirkung beruht ebenfalls auf der Kraft der Gedanken, kombiniert mit der Konzentration auf angenehme Bewegungen:

„Hände durchs Wasser ziehen"

*   Stellen oder setzen Sie sich bequem hin.Halten Sie Ihre Hände locker vor Ihren Bauch, als ob Sie sie in ein Becken, einen Brunnen oder einen Bach eintauchen. Gefällt Ihnen die Vorstellung von stillem oder bewegtem Wasser besser? Welche Temperatur hat es? Suchen Sie gerade Wärme oder Abkühlung?

- Bewegen Sie beide Hände durch das Wasser und spüren Sie den Wasserwiderstand an Handrücken und Handflächen. Wechseln Sie mehrmals die Richtung. Abschließend dürfen Sie im Wasser herumplanschen, spritzen und die Hände ausschütteln, so lange und intensiv, wie Sie Lust haben! Fühlen Sie sich erfrischt? Oder angenehm gewärmt, falls Sie danach gesucht haben?

Nach den Kraftworten und -sätzen nun zu den *inneren Kraftbildern*, die Ihnen beim Seelenbalancieren helfen können.

Kennen Sie das? Manchmal werden Anforderungen für Sie schwierig, obwohl Sie sie schon einmal gut bewältigt haben oder obwohl Sie gut darauf vorbereitet sind. Objektiv gibt es keinen Grund, warum Sie die Herausforderung dieses Mal nicht ebenso gut bestehen sollten. Ihnen ist im Prinzip klar, dass Sie sich durch pessimistische Gedanken selbst in Stress bringen und damit Ihre Handlungsmöglichkeiten einengen. Und trotzdem passiert es Ihnen, dass Sie sich klein, unfähig, unsicher oder ängstlich fühlen.

Ich empfehle Ihnen, sich für solche Situationen das Bild eines Kraftspenders zu überlegen, der Ihnen Glück bringt. Ist es ein gedanklicher Glückstrank, der Sie in volle Kraft versetzt? Oder ein gedachter Glücksmantel, den Sie sich umhängen, vielleicht in einer Ihrer Lieblingsfarben? Hilft Ihnen ein bestimmter unsichtbarer oder auch realer Talisman, an Ihre Potenziale heranzukommen? Vielleicht ein Geschenk eines lieben Menschen?

Sie merken, jetzt kommt ein Hauch von Gedanken-Magie ins Spiel! Dieser Glücksbringer, den Sie in Gedanken zu sich nehmen oder sich umhängen oder vielleicht tatsächlich in die Hand nehmen, wirkt wie Zauberkräfte, sodass Sie Ihre Möglichkeiten voll ausschöpfen können: Ihnen wird nichts passieren, Sie haben Ihr Wissen parat, Sie können gelassen in Ihr schwieriges Gespräch gehen, Sie können sportlich alles geben ... Der Mechanismus Selbstbeeinflussung funktioniert. Probieren Sie es aus, spielerisch und mit Spaß! Das ist Selbststärkung pur.

Für die folgende Übung rate ich Ihnen, sich nicht nur Gedanken und Notizen zu machen, sondern die körperlichen Aspekte wirklich im Raum zu erproben.

Mein kraft- und glücksbringender Gegenstand

- Denken Sie sich zunächst in eine Situation hinein, in der Sie nicht an Ihr Potenzial herankommen, weil Sie sich gedanklich blockieren.
- Welcher Gegenstand, gedacht oder echt, tut Ihnen in dem Moment gut? Was wird Ihnen Glück bringen?
- Wie werden Sie sich fühlen, wenn Sie ihn einsetzen (zu sich nehmen, anlegen, in die Hand nehmen ...)? Wie werden Sie dastehen, sich bewegen, sprechen, atmen? Bitte versuchen Sie es.
- Welche Außenwirkung werden Sie in dem Zustand haben, in dem Ihnen durch den Gegenstand all das gelingt, was Sie können?

So tun als ob

Den Gedanken an Ihren glücksbringenden Gegenstand empfehle ich Ihnen vor allem für Situationen, in denen Sie sich Ihrer Fähigkeiten eigentlich sicher sind. Wenn dies nicht der Fall ist, hilft ein anderer Autosuggestions-Trick: Im Amerikanischen heißt es: *Fake it till you make it.* Das bedeutet sinngemäß: *Tu so, als ob du es kannst, bis du es wirklich beherrschst.* Dabei gaukeln wir unserem Gehirn vor, uns sicher zu fühlen, sodass keine Stress-, sondern eine Entspannungsreaktion erfolgt. Die wiederum – Sie kennen das bereits – lässt Sie Ihre Möglichkeiten ausschöpfen und führt zu schnellerem Lernerfolg.

Auch hierzu zwei Beispiele aus meinem Leben, ein privates und ein berufliches:

Als ich das Jonglieren lernte, gelang mir der letzte Schritt, nämlich auch den dritten Ball hochzuwerfen, längere Zeit nicht. Irgendwann war ich entnervt und sagte mir spontan: „Jetzt tue ich einfach so, als ob ich es könnte". Dabei bewegte ich meine Arme entsprechend weiter. Und plötzlich ging es! (Merken Sie die Parallele zum Pfannkuchen-Wenden? Offenbar sind das Loslassen und das Vertrauen auf die Intuition Schlüssel zum Erfolg.)

Als ich das erste Mal die Moderation einer Arbeitsgruppe vor mir hatte und entsprechend nervös war, riet mir ein Freund:

„Mach Ihnen die Moderatorin!" Ich malte mir daraufhin aus: Wie würde sich eine in meinen Augen gute Moderatorin bewegen, wie sprechen, wie schreiben, wie sich kleiden? Dies versuchte ich umzusetzen. Niemandem fiel auf, dass ich ein Frischling war, berichtete mir nach der gelungenen Veranstaltung eine anwesende Vertraute. *So tun als ob* ist eine sehr wirksame Methode, um neue Situationen gut zu bewältigen – das kann ich wirklich bestätigen.

ANNA hat für sich eine gute Gelegenheit gefunden, die Idee eines kraftspendenden Glückstranks regelmäßig einzusetzen:

Unsicherheit

Meine Geschichte als Autofahrerin ist sehr durchwachsen, wie man bei uns sagt. Der Fahrschulunterricht mit 17 Jahren wurde für mich in dem Moment schwierig, als mein damaliger Freund vorwurfsvoll reagierte, weil ich die Stunden ohne ihn eingefädelt hatte. Prompt brach mein Selbstvertrauen zusammen, und ich brauchte sehr viele Fahrstunden. Erfolgsvermeidung nennt man das wohl ... Meine Führerscheinprüfung bestand ich dennoch, wenn auch knapp, und mein Freund unterstützte mich beim Üben.

Als Studentin hatte ich dann sogar eine Zeit lang einen eigenen Wagen. Wegen einer Fernbeziehung war ich oft quer durch halb Deutschland unterwegs und wurde eine routinierte Fahrerin. Mit meinem damaligen Partner als Beifahrer und auch im Urlaub mit Freundinnen, alle ohne Führerschein, konnte ich problemlos die Rolle der Chauffeurin einnehmen. Dabei schaffte ich sogar meine persönliche Glanzleistung, mit dem Wohnmobil im englischen Linksverkehr zu fahren.

Als ich später dann dauerhaft in der Großstadt wohnte, schaffte ich mein Auto ab. Inzwischen fahre ich nur noch selten, besonders ungern bei Nacht. Mein Lebenspartner ist ein freudiger und sehr guter Autofahrer. Schon deswegen komme ich nicht oft in die Situation, fahren zu müssen. Ich überlasse es ihm gern. Im Laufe der Zeit hatte ich daher eine regelrechte Scheu entwickelt, Auto zu fahren. Ich fühlte mich wieder wie eine Anfängerin und hatte kein Selbstvertrauen mehr. Mir war klar, meine Angst ist nicht begründet, sie spielt sich „nur" in meinem Kopf ab. Trotzdem blieben das Unwohlsein, die Aufgeregtheit, die Unsicherheit. Ich musste mir regelrecht bewusst klarmachen, was ich als Fahrerin schon alles geleistet habe und wie gut bis jetzt jede

*Fahrt verlaufen ist. Um mich in ein Gefühl der Stärke und der Zuver-
sicht in meine eigenen – bewiesenermaßen vorhandenen – Fähigkeiten zu versetzen, hilft mir seit einiger Zeit mein Trick mit „Felix felicis":
Das ist ein Zaubertrank aus der Welt von Harry Potter, der zu einem
Tag verhilft, an dem alles gelingt. In der Geschichte wird amüsant
erzählt, dass dies sogar funktioniert, wenn man nur meint, ihn getrunken zu haben! Also nehme ich in Gedanken einen Schluck von Felix
felicis, wenn ich auf dem Fahrersitz Platz nehme. Wie würde ich fahren, wenn ich ihn getrunken hätte? Ruhig, souverän, mit Selbstvertrauen und Überblick. Ich könnte meine fahrerischen Fähigkeiten voll
ausschöpfen und wäre nicht vor Angst blockiert. Seitdem ich Felix felicis „trinke", gelingen mir nach einem tiefen Atemzug z. B. Einpark-
manöver wesentlich sicherer und zügiger. Das Gedankenspiel, den
Glückstrank zu mir genommen zu haben, hilft mir immer wieder!*

An ANNAs Fahrkünsten sehen wir verschiedene Varianten von
Können und Nicht-Können, von sich Trauen und den Mut verlieren, von sich stark Fühlen und sich klein Machen – alles ausgelöst
„nur" durch Gedanken. Je nachdem, was sich in ANNAs Kopf
abspielt, wie ihr Gegenüber reagiert und welche Verantwortung sie
übernimmt, ist sie souverän oder unsicher.

Um sich aus dieser Unsicherheit zu helfen, setzt ANNA als
Mittel Autosuggestion und Bodyfeedback ein: Die Idee des stärkenden Glückstranks kombiniert mit dem tiefen Atemzug – die
Erste Hilfe gegen Stress – bringt eine Entspannungsreaktion in
Gang. Dadurch kann ANNA ihr fahrerisches Potenzial ausschöpfen. Jede weitere gute Erfahrung wird in ihrem Gehirn als Erfolgserlebnis eingestuft werden, sodass sie irgendwann den kraftspendenden Gedanken an „Felix felicis" nicht mehr brauchen wird.

Rückblick auf dieses Kapitel

- Eine Reihe von Weisheitsgeschichten und Zitaten haben Ihnen
  die Kraft von negativen oder auch positiven Gedanken verdeutlicht. Mit Ihren Gedanken schaffen Sie sich – konstrukti-
  vistisch gesprochen – Ihre eigene Wirklichkeit. Sie können sie
  zu einem gewissen Grad steuern und damit Ihre Gefühle
  beeinflussen.

- Sie haben erfahren, wie Gedankenstopp bei quälenden Gedankenspiralen helfen kann.
- Sie haben sich überlegt, wie Sie die Methode der Autosuggestion mithilfe Ihres persönlichen Kraftwortes, Ihres Kraftsatzes sowie der Idee eines kraft- und glücksbringenden Gegenstandes einsetzen können. Dies eignet sich besonders in Situationen, in denen Sie sich Ihrer Fähigkeiten eigentlich sicher sein können.
- „So tun als ob" dagegen ist die geeignete Selbststärkungsmethode für Situationen, in denen Sie noch nicht sicher sind.
- ANNAs wechselvolle Geschichte ihrer Fahrkünste hat Ihnen gezeigt, wie die Vorstellung eines Glückstranks helfen kann, die eigenen Fähigkeiten auszuschöpfen.

 Zum Weiterlesen

Weisheitsgeschichten:
Wer kleine Weisheitsgeschichten und Fabeln mag, wird fündig im Buch *Komm, ich erzähle dir eine Geschichte* von Jorge Bucay und auf *www.zeitzuleben.de/thema/geschichten/*.

Das lesenswerte Buch *Anleitung zum Unglücklichsein* des konstruktivistischen österreichisch-amerikanischen Psychologen Paul Watzlawick enthält Geschichten wie die vom „Mann mit dem Hammer", in denen man sich wiedererkennen kann, sowie deren psychologische Deutung.

Gefühle durch Gedanken beeinflussen:
Der Aufsatz von Matthew McKay, Martha Davis und Patrick Fanning *Stimmungsmanagement: Wir fühlen, was wir denken* zeigt, wie wir durch Gedanken unsere Gefühle aufhellen können.

Im Heft *Psychologie heute compact* „Die Macht der Gefühle. Vom richtigen Umgang mit Stimmungen und Emotionen" geht es ebenfalls um Möglichkeiten, die eigenen Gefühle zu beeinflussen, sowie um unerwünschte Gefühle wie Ärger und Schadenfreude.

10. „Das schaffe ich nie!"
oder
Was Ihnen Ihre inneren Stimmen sagen wollen und wie Sie sie für Ihre Stabilität nutzen können

Was meinen Sie, wie groß Ihre Chancen sind, gut zu balancieren, wenn Sie sich sagen „Das schaffe ich nie!"? Genauso gering wie die von ANNA mit dem Satz „Ich kann das nicht" in ihrer Geschichte vom Laufen. Beide Aussagen eröffnen keinen Handlungsspielraum. Sie begrenzen damit Ihre eigenen Möglichkeiten. Stattdessen macht Sie die Haltung „Ich kann das NOCH nicht" frei für Neues, für Entwicklung, Erfahrungen und Lernerfolge – beim echten Balancieren wie beim Seelenbalancieren.

Aber wer in Ihnen spricht denn da eigentlich bremsend oder ermunternd? Keine Angst! Wenn Sie *innere Stimmen* „hören", sind Sie weder schizophren noch von Dämonen besessen. Sie nehmen schlichtweg das wahr, was in der Psychologie als *Teile-Modell der Seele* bekannt ist. Unsere Persönlichkeit besteht nach dieser Sichtweise aus verschiedenen Unterpersönlichkeiten. Dieses Modell erleichtert es uns, seelische Prozesse verstehen und beschreiben zu können. Wir erleben die „Personen" in uns als unterschiedliche innere Stimmen mit verschiedenen Anliegen und Charakteren. In der Beratung und im Coaching ist diese Idee unter dem Begriff *Inneres Team* bekannt.

Die wichtigsten inneren Stimmen zum Thema Selbststärkung sind *der innere Kritiker, der innere Antreiber, das innere Kind, das fürsorgliche Selbst* und *das sachbezogene Selbst*. Ich stelle sie mir weder als Mann noch als Frau vor, sondern geschlechtsneutral. Ich bin sicher, es sind auch alte Bekannte von Ihnen dabei. Ich möchte sie Ihnen vertrauter machen und Ihnen zunächst zeigen, wie Sie sie beim realen Balancieren nutzen könnten.

Innere Stimmen

Der innere Kritiker hält uns Fehler, Versagen und Misserfolge vor, er kritisiert und beschimpft uns. Wenn wir uns als dumm oder schwach titulieren, ist er am Werk. Seine gute Seite ist es, uns nicht überheblich abheben zu lassen. Ein gesundes (!) Maß an Selbstkritik hält uns am Boden und lässt uns Dinge immer besser machen. Beim Balancieren könnte sein typischer Satz sein: „Das lernst du nie, so wie du dich anstellst!" Der Gewinn, den Sie daraus ziehen könnten, wäre (trotz der nicht-wertschätzenden Formulierung): „Ich kann noch etwas an meiner Balanciertechnik feilen."

Der innere Antreiber verlangt von uns Perfektion und gönnt uns keine Pausen. Er sagt uns, dass wir uns zusammenreißen und anstrengen müssen, auch wenn uns gerade die Puste oder die Lust ausgeht. Allerdings: Wenn wir ihn nicht hätten, würde uns eine wichtige innere Motivation fehlen, wir wären buchstäblich antriebslos. Typischer Satz: „Beiß die Zähne zusammen!" Ihr Gewinn könnte lauten: „Ich bleibe dran und übe."

Das innere Kind stellt den empfindsamen Teil der Seele dar. Es kann sehr hilflos und verängstigt sein. Es bezieht die Reaktionen anderer Menschen oft auf sich und ist verletzlich. Aber aus ihm spricht auch unsere Lebensfreude, Genussfähigkeit und Kreativität. Typischer Satz: „Ich trau mich nicht!" Ihr Gewinn: „Ich übe erst mal auf der Teppichkante, bevor ich mich auf die Wippe begebe."

Das fürsorgliche Selbst ist erwachsen und hört dem inneren Kind liebevoll zu. Es sagt uns nette Sachen, lobt und tröstet uns. Es ist der nährende Elternteil in uns. Typischer Satz: „Keine Angst, das lernst du schon noch, ich helfe dir." Ihr Gewinn: „Es ist nicht schlimm, wenn ich es nicht gleich kann."

Das sachbezogene Selbst nimmt Dinge nicht persönlich. Es kann Kritik sachlich annehmen und geben. Daher ist es besonders geeignet für berufliche Gespräche und Verhandlungen. Typischer Satz: „Sorge für gute Rahmenbedingungen, dann kann nichts schiefgehen." Ihr Gewinn: „Ich ziehe Gymnastikschläppchen an, um guten Halt zu haben."

Was bedeutet das nun für das Seelenbalancieren? Stellen Sie sich vor, Sie haben die Leitung einer Theatergruppe. (Oder gefällt Ihnen das Bild eines Chores oder eines Orchesters besser? Dann dirigieren Sie diese Gruppe.) Es ist Ihre Aufgabe, die Mitglieder dieses Teams, nämlich Ihre inneren Stimmen, so zu führen, dass sie zu einer harmonischen Gesamtleistung kommen. Welche Stimme möchten Sie stärker in den Vordergrund holen? Welche sollte sich, je nach Situation, mehr zurückhalten?

Der innere Kritiker und der innere Antreiber drängen sich gern nach vorn und spielen oft so zusammen, dass Sie sich selbst fertigmachen oder entwerten. Das innere Kind hat oft eine zu leise Stimme. Dadurch überhören Sie leicht Ihre Bedürfnisse. Ihre großen Helfer sind Ihr fürsorgliches und Ihr sachbezogenes Selbst. Sie sind die reifen, erwachsenen Stimmen im Ensemble. Es lohnt sich, ihnen große Rollen zu geben. Sie helfen Ihnen, wertschätzend mit sich umzugehen, zwischen eigenen Problemen und denen anderer Menschen klar zu unterscheiden sowie Ihre eigenen Anliegen zu verfolgen.

Antreiber- und Erlaubersätze

Der innere Antreiber kann sich mit verschiedenen Stimmen melden. Fünf typische Sätze, die bei vielen Menschen mehr oder weniger stark ausgeprägt sind, lauten *Mach es allen recht!*, *Sei perfekt!*, *Mach schnell!*, *Streng dich an!* und *Sei stark!*. Kommt Ihnen davon etwas bekannt vor? (Unten gebe ich Ihnen den Literaturhinweis auf einen Test dazu.) Sie erfahren viel über sich, wenn Sie sich Ihre *Antreibersätze* genauer anschauen! Sie kommen übrigens manchmal in anderem Gewand daher, z.B. kann *Sei perfekt!* durchaus auch *Tu die richtigen Dinge, tu die Dinge richtig!* heißen. Wie lauten Ihre eigenen Antreibersätze? Ich rate Ihnen, nicht nur sich selbst daraufhin zu beobachten, sondern auch andere Menschen: Eine Person, bei der *Sei schnell!* und *Sei perfekt!* vermutlich am stärksten ausgeprägt ist, benimmt sich gegenüber ihrer Umgebung anders als eine, bei der *Mach es allen recht!* und ebenfalls *Sei perfekt!* am aktivsten sind.

Ihren Ursprung haben die Antreibersätze meist in unserer Kindheit. Wir haben als hilflose kleine Wesen gelernt, uns den Wünschen unserer Eltern oder Bezugspersonen entsprechend zu verhalten, um uns deren Liebe und Zuwendung zu sichern. Oft haben sich die Antreibersätze jedoch verselbstständigt. Sie wirken unbewusst in uns weiter, obwohl wir sie als Erwachsene gar nicht mehr bräuchten. Manchmal sogar zu sehr, sodass sie uns einengen oder uns dazu bringen, abwertend mit uns selbst umzugehen.

Falls Sie darunter leiden, habe ich ein wirksames Gegenmittel für Sie: Überlegen Sie sich bewusst für jeden überaktiven Antreibersatz einen *Erlaubersatz*. Er sollte positiv formuliert sein, also ohne „nicht" oder „kein". Am besten lassen Sie ihn mit „Ich erlaube mir ..." oder „Ich genehmige mir ..." oder „Ich darf ..." beginnen. Das könnte dann beispielsweise heißen: „Ich erlaube mir, mir mehr Zeit und Raum für mich zu nehmen." Oder: „Ich genehmige mir, es mit 80 Prozent gut sein zu lassen." Oder: „Ich darf alles, was ich tue, langsamer angehen."

Probieren Sie schriftlich so lange Formulierungen aus – der Prozess kann sich durchaus über mehrere Tage hinziehen –, bis Sie einen Satz gefunden haben, der Ihnen passt wie ein guter Handschuh. Und sagen Sie sich bitte künftig Ihren Erlaubersatz immer dann, wenn Sie merken, dass Ihr innerer Antreiber Sie gerade in die Bredouille bringt. Am besten mit entspannendem Ein- und Ausatmen – Sie kennen ja jetzt das Geheimnis des Bodyfeedbacks. Auch hier gilt selbstverständlich: üben, üben, üben!

Nun aber wieder zu Ihrem gesamten Theaterensemble. Die folgende Übung ist ein Klassiker des Selbstcoachings. Sie soll Ihnen helfen, Ihre inneren Stimmen zu einem Problem deutlicher wahrzunehmen, ihnen zuzuhören und zu entscheiden, wer eine größere und wer eine kleinere Rolle bekommen soll. Sie werden dabei eine sogenannte *Mindmap* zeichnen. Diese Art, kreativ Ideen zu sammeln, kann ich Ihnen sehr empfehlen – effektive Arbeitsmethoden sind eine Form von kräfteschonendem Umgang mit sich selbst, finde ich. Daher möchte ich Ihnen zunächst die Methode erläutern:

Die „Mindmap" – Ein vielseitiges Hilfsmittel

Mindmapping eignet sich sehr gut zur Vorbereitung von Arbeits-
vorgängen, die viele Schritte erfordern – egal ob Sie Ideen sammeln oder Gedanken strukturieren, ein Fest organisieren oder
einen Vortrag vorbereiten wollen.

Am besten nehmen Sie ein Blatt Papier, mindestens DIN A4, quer,
zeichnen einen Kreis in die Mitte, in den Sie das Thema eintragen,
und eine Reihe von „Sonnenstrahlen" davon weg in Richtung
Blattrand. (Es gibt beim Mindmapping unterschiedliche Darstel-
lungsformen. Mir gefällt die „Sonne" am besten.) Jeden Strahl
benennen Sie am Ende mit einem Oberbegriff (beim Festbeispiel
„Raum", „Einladung", „Buffet" etc.). Dazu schreiben Sie jeweils,
was Ihnen an Unterbegriffen, Teilaufgaben, Arbeitsschritten oder
zu klärenden Fragen einfällt. Dadurch können Sie einzelne Aspekte viel besser den Oberbegriffen zuordnen, als wenn Sie eine Liste von oben nach unten füllen und irgendwann keinen Platz mehr
für Ergänzungen haben. Die Skizze soll Ihnen beispielhaft zeigen,
wie das Ideensammeln in der Anfangsphase einer Festorganisa-
tion aussehen könnte:

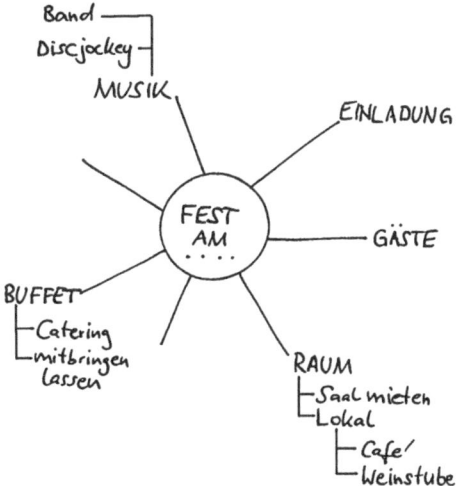

So weit grundsätzlich zur Methode Mindmapping. Nun die
Übung zu Ihren inneren Stimmen, bei der Ihnen diese Technik helfen wird:

Die Stimmen in mir
Denken Sie sich zunächst in eine Situation ein, in der Sie sich nicht entscheiden können oder in eine, die Sie verwirrt oder belastet.

- Nehmen Sie ein Blatt Papier quer und schreiben Sie in einen Kreis in die Mitte das Thema, um das es geht.
- Ziehen Sie strahlenförmig mindestens fünf Striche von diesem Mittelkreis aus nach außen. Schreiben Sie jeweils an ein Ende die Namen der inneren Stimmen: „Kritiker", „Antreiber", „Kind", „Fürsorgliches Selbst", „Sachbezogenes Selbst". Sie können jederzeit weitere Stimmen ergänzen, die Ihnen noch in den Sinn kommen. Gibt es da vielleicht eine optimistische, eine pessimistische und eine humorvolle Stimme? Wie würden die Ihr Problem kommentieren?
- Schreiben Sie nun zu jeder der Stimmen wörtliche Sätze, die Sie „hören". Was sagt Ihnen die jeweilige Stimme? Oder – falls Ihnen nichts einfällt – was könnte sie sagen? Bei der fürsorglichen Stimme hilft der Trick, sich zu überlegen, was man selbst einer guten Freundin oder einem guten Freund raten würde. Und bestimmt kennen Sie einen vernünftigen Menschen, dem Sie einen Rat, eine Aussage oder einen Hinweis Ihrer sachbezogenen Stimme in den Mund legen könnten.
- Lassen Sie das Bild auf sich wirken. Kennzeichnen Sie nun mit Symbolen oder auch Farben, welche Stimmen Sie gern lauter hätten und welche leiser. Abschließend betrachten Sie das Bild mit etwas Abstand.

Klärt sich Ihr Entscheidungsproblem? Können Sie auf diese Weise Ihre Gedanken entwirren?

Meine persönliche Lieblingsfigur in diesem inneren Team ist das fürsorgliche, liebevolle Selbst. Ich bin überzeugt, die meisten Menschen müssten es größer und lauter werden lassen. In meinen Selbststärkungsseminaren lautet entsprechend eine der Kernbotschaften, die dort „ANNAs Zaubersprüche" heißen: *Ich passe gut auf meine beste Freundin auf – mich selbst.*

Im Englischen gibt es den schönen Ausdruck *parenting oneself*, *sich selbst gute Eltern sein*. Dies kann man lernen und ausbauen. Falls Sie mit Ihren eigenen Eltern zufrieden sind, haben Sie bereits gute Vorbilder dafür. Falls nicht, haben Sie als erwachsener Mensch die Chance, sich selbst bessere Eltern zu sein. Das fürsorgliche Selbst wichtiger zu nehmen, mit dem eigenen inneren Kind vorsichtiger umzugehen und seine Bedürfnisse ernst(er) zu nehmen sind wichtige Schritte in diese Richtung.

Im Idealfall sorgen Eltern für ihre Babys, sie nähren und pflegen sie, körperlich wie seelisch. Sich zu baden und einzucremen bedeutet auch für viele Erwachsene eine wunderbare Möglichkeit, zu sich selbst fürsorglich zu sein und sich Gutes zu tun. Der meistgewählte Raum für verwöhnende Körperpflege dürfte das Bad sein. Leider entspricht unser reales Badezimmer nicht immer unseren Wunschvorstellungen – aber wir haben ja unsere Fantasie!

Erinnern Sie sich an die Fantasiereise in Ihre Wohlfühlumgebung? Diesem zum Auftanken perfekten Raum können Sie noch ein ideales Badezimmer hinzufügen. Ich möchte Sie dafür jetzt zu einer dritten Fantasiereise einladen. Auch diesmal empfehle ich Ihnen, Buntstifte bereitzuhalten.

Mein traumhaftes Badezimmer

Besuchen Sie in Gedanken ein Badezimmer, das all das enthält, was Sie brauchen und gern hätten, um sich optimal entspannen zu können und zu Kräften zu kommen.

- Malen Sie sich aus: Was halten Einrichtung und Ausstattung Ihres Bades für Ihre fünf Sinne bereit? Sind Sie eher in einem Gesundbrunnen, einem Wellness-Tempel oder in einer Pflege- und Kosmetikoase? Wie sieht Ihre Traumbadewanne oder Ihre Traumdusche aus?
- Genießen Sie das Wasser: Duftet es? Ist es schaumig? Vielleicht farbig? Wie ist seine Temperatur?
- Womit cremen oder ölen Sie sich ein? Womit tun Sie sich noch Gutes? Vielleicht mit einer Fußmassage? Fühlen Sie in Gedanken die Wohltat auf der Haut.
- Welche Kleidungsstücke liegen für Sie bereit? Spüren Sie, wie sie Sie angenehm umhüllen und schützen.

- Was gibt es noch alles zu entdecken? Ihrer Fantasie sind keine Grenzen gesetzt!
Und zur Erinnerung halten Sie Ihr wunderschönes Badezimmer mit einem Bild fest. Damit erinnern Sie sich auch später noch an die Details und können sich in Gedanken umso leichter wieder dorthin begeben. Je nach Jahreszeit und Ihrem aktuellen Wärmebedürfnis wird Ihr Badezimmerbesuch etwas anders ausfallen – probieren Sie es aus!

Vielleicht haben Sie mit Ihrem traumhaften Bad Ideen entwickelt, wie Sie Ihre echte Wohnumgebung umgestalten können? Was nehmen Sie sich vor? Wo darf Ihr fürsorgliches Selbst dazu beitragen, dass Sie wertschätzend mit Ihrem genussfreudigen inneren Kind umgehen?

Es war sicherlich ANNAs fürsorgliche innere Stimme, die ihr geholfen hat, sich auf alltägliche Notsituationen vorzubereiten und sich so von ungeplanten Ereignissen nicht mehr aus der Ruhe bringen zu lassen:

Kleine Notfälle
„Be prepared" ... Schlechte Erfahrungen sind gute Lehrmeister. Um bei Pannen nicht mehr so schnell unter Druck zu kommen, habe ich in den letzten Jahren eine Reihe von Selbsthilfe-Tricks in meinen Alltag eingebaut:
Ich bin bekannt dafür, immer pünktlich zu sein. Normalerweise kann ich die nötige Zeit für den Weg zu Terminen oder Verabredungen so gut einschätzen, dass ich vorhergehende Tätigkeiten erst im letzten Moment abbreche. Diese Fähigkeit zur Punktlandung bereitet mir jedoch dann viel Stress, wenn etwas Ungeplantes dazwischenkommt. Daher habe ich mir seit einiger Zeit angewöhnt, meine Termine innerlich konsequent zehn Minuten vorzuverlegen. Die entstehende Pufferzeit tut mir gut; manchmal kann ich dann sogar noch eine kleine angenehme Entspannungsübung einlegen. Um nicht einen außerplanmäßigen Termin zu versäumen, weil ich zu sehr in einem Arbeitsvorgang versinke, trage ich an solchen Tagen meine Armbanduhr ausnahmsweise rechts. Die dadurch ausgelöste Irritation erinnert mich im Laufe der nächsten Stunden immer wieder daran, rechtzeitig aufzubrechen.

*Wer mich kennt, weiß, der Inhalt meiner linken Jacken- oder Mantel-
tasche ist berechenbar: Ich trage immer eine kleine Schachtel Bonbons
und ein Päckchen Taschentücher bei mir. Damit bin ich unabhängig
von anderen Menschen, kann aber jederzeit selbst anderen etwas
anbieten. Durch die Bonbons bin ich gegen Mundgeruch und Halsweh
gefeit; sie helfen auch kurzzeitig gegen Hunger und Durst und lenken
notfalls quengelnde Kinder ab.*
*Wie viele Frauen bin ich eine Freundin großer Taschen. Da muss auch
ganz schön viel reinpassen. Mein Notfallset ist immer dabei. Dieses
Lederetui enthält unter anderem Kamm, Spiegel, Lippenpflegestift,
Kajal, Pflaster, Mini-Nähzeug und Mini-Nagelfeile. Ich konnte unge-
logen alles schon brauchen, für mich selbst oder auch für andere! Ich
wechsle das Set zwischen den Arbeits- und Handtaschen gleichzeitig
mit meiner Geldbörse und muss mir somit keine weiteren Gedanken
mehr darum machen. Was ebenfalls zwischen meinen Taschen hin
und her wandert, ist ein kleines Notizbuch mit Stift. So gehen mir
weder Geschenkideen noch schöne Zitate, auf die ich unterwegs gestoßen bin, verloren. Und auch mein „U-Bahn-Krimi" muss mit. Seitdem
ich immer ein Buch bei mir habe, ärgere ich mich nicht mehr über Ver-
kehrsmittel, die mir vor der Nase wegfahren, sondern freue mich, ein
paar Minuten mehr zum Lesen zu haben.*

ANNA hat hier offenbar ihre inneren Stimmen, die sie antreiben,
zu ihren Ratgebern gemacht. Bei einem entsprechenden Test würde sie sicherlich bei den klassischen Antreibersätzen *Sei perfekt!*
und *Mach es allen recht!* hoch punkten. Sie bemüht sich, Regeln
einzuhalten, und ist menschenorientiert. Zu spät zu kommen
wäre ANNA wegen beider Antreiber sehr unangenehm. Daher hat
sie kleine Hilfen entwickelt, die sie beim Pünktlichsein unterstützen und ihr im besten Fall sogar Zeit für Entspannungsübungen
ermöglichen. Damit handelt sie fürsorglich sich selbst gegenüber.
Ihr Tascheninhalt dient nicht nur ANNA selbst bei allerlei Widrigkeiten des Lebens; darüber hinaus bereitet es ihr auch Freude,
wenn sie anderen damit helfen kann. ANNAs Umgang mit ihrem
„U-Bahn-Krimi" schließlich ist eine Variante von Umdeuten: Die
erzwungene Pause wird zur Genusszeit und hat damit eine entspannende statt einer ärgerlichen Wirkung.

Rückblick auf dieses Kapitel

- Sie kennen die für die Selbststärkung wichtigsten inneren Stimmen: „der innere Kritiker", „der innere Antreiber", „das innere Kind", „das fürsorgliche Selbst" und „das sachbezogene Selbst".
- Sie haben sich mit den fünf typischen Antreibersätzen *Mach es allen recht!*, *Sei perfekt!*, *Mach schnell!*, *Streng dich an!* und *Sei stark!* vertraut gemacht und wissen, wie Sie sie in Erlaubersätze umwandeln können.
- Mithilfe einer Mindmap haben Sie Ihre inneren Stimmen zu einem bestimmten Thema erkundet.
- Die Fantasiereise in Ihr traumhaftes Badezimmer gibt Ihnen die Möglichkeit, sich in Gedanken Genuss für alle Sinne zukommen zu lassen.
- ANNA hat Ihnen eine Reihe von Tipps und Tricks gezeigt, wie sie sich auf diverse kleine Notfälle des Lebens vorbereitet, um nicht – durch ihre Antreiber – unnötig in Stress zu geraten.

Zum Weiterlesen

Inneres Team, Inneres Kind und Co.:
Die Arbeit mit den inneren Stimmen, dem bei ihm sogenannten *Inneren Team*, hat der Hamburger Psychologe und Kommunikationswissenschaftler Friedemann Schulz von Thun anwendungsbezogen in seinem Standardwerk *Miteinander reden, Band 3* beschrieben. Auch sein Anwendungsband *Das Innere Team in Aktion* mit vielen, auch grafisch sehr anschaulich aufbereiteten Praxisbeispielen lohnt sich meiner Meinung nach zu lesen.

Die hier benannten inneren Stimmen habe ich aus dem Buch *Die etwas gelassenere Art sich durchzusetzen. Ein Selbstbehauptungstraining für Frauen* von Barbara Berckhan übernommen, das mir schon mehrmals im Leben gut helfen konnte.

Innere Antreiber, Antreibertest:
Das schaffe ich schon! ist ein informativer Artikel von Ursula Nuber zu den inneren Antreibern. Dort finden Sie auch einen leicht anwendbaren Test zu den oben benannten fünf inneren Antreibern.

11. „Gleich fällst du runter!"
oder
Wie Sie souverän mit Kommentaren
der anderen umgehen

Wo Menschen sind, menschelt es … Da balancieren Sie fröhlich vor sich hin, beispielswiese auf einem Balken im Park, und denken an nichts Böses, schon kommt jemand und sagt: „Gleich fällst du runter!"
Wie reagieren Sie? Erschrocken, beleidigt, wütend, frustriert? Sie verlieren Ihre äußere und innere Mitte, kommen dadurch ins Wackeln und sind nur noch mit dieser irritierenden Aussage beschäftigt. Das war's dann mit dem Balancieren. Im schlimmsten Fall rutschen Sie tatsächlich ab und landen am Boden. Oder gelingt es Ihnen, ruhig und souverän zu sagen „Wie kommst du denn darauf? Du kannst wohl in die Zukunft schauen"?

Die sinnvolle Empfehlung, zwischen Sachebene und Beziehungsebene zu unterscheiden, ist relativ bekannt. Damit hätten Sie sozusagen ein Ohr, auf dem Sie *Sachaussagen* hören, und eines für die *Beziehung* zwischen sich und der anderen Person. Was äußert der andere Mensch inhaltlich tatsächlich an Fakten und wie steht er offenbar zu Ihnen? Es ist auf jeden Fall nervenschonend und dient der Klärung, das Sachohr möglichst groß und das Beziehungsohr – zumindest vorläufig – möglichst klein zu machen.
Wenn Sie die oben geschilderte Situation mit dem Sachohr hören, stellen Sie ganz neutral über die vernommenen Worte fest: Ihr Gegenüber weiß offenbar etwas, was Sie nicht wissen. Mit dem Beziehungsohr ist die Aussage schon nicht mehr ganz so leicht interpretierbar. Es kommt ganz darauf an, wer da kommt, wie Sie zueinander stehen, wie Ihre Vorgeschichte ist und in welchem Ton gesprochen wird. Sind es vorbeischlendernde Jugendliche, die Sie schlichtweg dumm anmachen und beleidigen wollen, weil sie gerade nichts Besseres zu tun haben? Oder ist es Ihr Erzfeind, der Sie gleich runterschubsen wird? Oder ein hilfreicher Mensch, der Sie warnen will, weil er sieht, dass ein spielender Hund Sie im

nächsten Moment von hinten aus dem Gleichgewicht bringen wird?

Hören mit vier Ohren

Jetzt wird es noch komplizierter: Wir nehmen noch zwei Ohren dazu! Nach dem Kommunikationsmodell von Friedemann Schulz von Thun haben wir alle nämlich sogar vier Ohren. Wenn ich Ihnen das an ANNA kurz zeigen darf:

Nach wie vor ist ein Ohr für die Sachaussage und eines für die Beziehungsaussage zuständig. Dazu kommt ein Ohr für die *Selbstoffenbarung* Ihres Gegenübers und eines für den *Appell*, den Sie heraushören. An unserem Beispiel könnte das, je nachdem, um wen es sich handelt, lauten:

- Selbstoffenbarung: „Uns ist langweilig" (Jugendliche), „Ich nutze deine schwache Position aus" (Erzfeind), „Ich will helfen" (Samariter).
- Appell: „Fall runter, damit wir was zum Lachen haben" (Jugendliche), „Bereite dich schon mal auf eine Niederlage vor" (Erzfeind), „Sei vorsichtig, Achtung!" (Samariter).

Als Anekdote möchte ich Ihnen die Originalgeschichte zum Satz „Gleich fällst du runter!" erzählen: Der kleine Sohn einer Freundin kletterte waghalsig auf einem Stuhl herum und murmelte vor sich hin: „Gleich fällst runter, gleich fällst runter." Seine Mutter hatte es ihm als Warnung x-mal gesagt. Dennoch ließ er sich dadurch in keiner Weise in seinem Tatendrang einschränken. Auch eine Art von souveränem Umgang mit Kommentaren anderer!

Vom realen Balancieren und Herumklettern nun zum Seelenbalancieren. In der Überschrift schreibe ich absichtlich nicht von der „Kritik der anderen", sondern von „Kommentaren der anderen". Zu einem guten Teil können Sie nämlich selbst bestimmen, wie Sie etwas hören und verstehen wollen – ganz davon abgesehen, dass diese Kommentare tatsächlich auch wohlmeinend sein können. Im Zweifelsfall aber kann es sogar sehr selbstschonend und krafterhaltend sein, etwas bewusst zu überhören und gar nicht darauf einzugehen. Ein neutraler „Kommentar" wird erst durch Ihre Bewertung zur „Kritik". Die konstruktivistische Weltsicht, die ich Ihnen in Kapitel 2 zum Thema „sich in Kraft Denken" erläuterte, hilft auch beim Thema Kommunikation weiter: Wir interpretieren permanent, was wir wahrnehmen. Demnach können wir nicht die absolute Aussage treffen „Das HAT der aber gesagt, das IST so!", sondern nur „So habe ich das verstanden". Ein Gespräch ist nicht objektiv „schwierig", sondern wird subjektiv von uns so eingeschätzt.

Wie können Sie in Kommunikationssituationen, die Sie als schwierig empfinden, zu größerer Gelassenheit gelangen? Aus Selbststärkungssicht empfehle ich Ihnen, das Sachaussagenohr und das Selbstoffenbarungsohr ganz weit aufzumachen, dagegen in das Beziehungsohr und das Appellohr ganz wenig hineinzulassen. Wir neigen dazu, es genau umkehrt zu handhaben – und das macht uns empfänglich dafür, uns als Opfer zu fühlen. Wir hören manchmal sprichwörtlich das Gras wachsen oder die Flöhe husten und beziehen Äußerungen fälschlicher- oder unnötigerweise auf uns selbst. Oft stecken jedoch handfeste Missverständnisse und Fehlinterpretationen hinter vermeintlichen Beleidigungen, Ungerechtigkeiten und Verletzungen!

Um mit Stimmen anderer Menschen kräfteschonend umzugehen, ist eine Haltung hilfreich, die von grundsätzlichem gegenseitigem Wohlwollen ausgeht. Normalerweise will Ihnen niemand etwas Böses. Falls Sie doch Zweifel daran haben: Überlegen Sie, ob Ihr Gegenüber nicht gerade in seinem eigenen Stress steckt und Sie nur die Ausläufer davon abkriegen.

Um das herauszufinden, erinnern Sie sich bitte an das emotionale Gedächtnis und an typische Reaktionen im akuten Stress. Dieses Wissen ist Ihr Handwerkszeug, um Ihre Nerven zu schonen: Wenn Sie merken, dass Ihr Gegenüber unangemessen reagiert, können Sie ziemlich sicher sein, dass dessen emotionales Gedächtnis frühere Bedrohungserfahrungen hervorkramt, alte

Gefühle abruft und entsprechende Stressreaktionen auslöst. Daher der Eindruck „Ich bin im falschen Film!", was Sie vielleicht kennen. Damit erklären sich also die laute oder auch weinerliche Stimme, die unpassenden Worte, der Tunnelblick, die momentane Unzugänglichkeit für vernünftige Argumente. Etwas im Inneren fühlt sich angegriffen. Da kämpft gerade jemand gegen den Säbelzahntiger! Auch wenn es nur eine Stubenkatze war, die ungewollt „auf Knöpfe gedrückt" hat, sodass alte Reaktionsmuster ablaufen, die mit der gegenwärtigen Situation kaum etwas zu tun haben.

Wichtig: Dasselbe gilt für Sie selbst! Achten Sie daher nicht nur bei anderen, sondern auch bei sich selbst auf Stressanzeichen. Womöglich greift Ihr Gegenüber Sie gar nicht an, sondern aktiviert unabsichtlich „nur" einen alten Film in Ihnen.

Wenn Sie merken, dass Kommunikation kompliziert wird und womöglich Sie oder Ihr Gegenüber – oder beide – emotional überreagieren, handeln Sie also am besten folgendermaßen:

Schritt-für-Schritt-Plan für schwierige Kommunikationssituationen

- Achten Sie bei sich und bei Ihrem Gegenüber auf Stressreaktionen als Beleg dafür, ob alte Muster wirken und Sie „im falschen Film" sind.
- Verschaffen Sie sich mit bewusstem Ein- und Ausatmen erste Entspannung. Setzen Sie, sobald Sie die Gelegenheit haben, weitere Entspannungsübungen und Bodyfeedback ein.
- Analysieren Sie mithilfe der vier Ohren, was eigentlich gesagt wurde und welche Interpretationsmöglichkeiten Sie finden. Machen Sie dabei Ihr Sachaussagen- und Ihr Selbstoffenbarungsohr groß, Ihr Appell- und Ihr Beziehungsohr dagegen möglichst klein.
- Führen Sie ein klärendes Gespräch, wenn Sie und Ihr Gegenüber sich nicht mehr in einem inneren Aufruhr befinden.
- Formulieren Sie klar, worum es Ihnen geht – Sie beide können nicht Gedankenlesen.
- Aktivieren Sie dafür Ihr sachbezogenes Selbst und halten Sie Ihren inneren Schutzschild/-mantel bereit. (Dazu mehr im nächsten Kapitel.)

In der Mitte des Lebens kann ich nun schon auf ganz schön viele zwischenmenschliche Konflikte zurückblicken, privat, beruflich und schlichtweg als Bürgerin ... Ich bin ein friedliebender, harmoniebedürftiger Mensch; ich wurde auch schon konfliktscheu genannt. Früher gingen mir Streitereien immer mitten ins Herz, ich habe alles persönlich genommen und konnte überhaupt nicht damit umgehen. Inzwischen durfte ich in Konflikt- und Kommunikationskursen eine Reihe von Strategien lernen, mit denen ich deutlich besser klarkomme. Die besten und bewährtesten möchte ich Ihnen hier empfehlen:

Wenn's knatscht, knirscht und kracht

- Hektische Verkäuferinnen, knurrige Busfahrer, schlecht aufgelegte Hausmeister ... Probieren Sie es bei solchen Mitmenschen mit dem Leitsatz: „Nur wundern, nicht bewerten – und nicht ärgern über die Seltsamkeiten der anderen Leute!" Damit können Sie den Stress, in dem jene offenbar gerade stecken, bei ihnen lassen, statt ihn sofort auf sich zu beziehen. Insgesamt fahre ich persönlich gut damit, mich von Leuten, die mir durch ihre negative Weltsicht Energie abziehen, so weit wie möglich fernzuhalten.

- Bei Menschen in Ihrem nahen Umfeld, zu denen Ihnen ein guter Kontakt wichtig ist, rate ich Ihnen zur Haltung: „Es hilft nichts, Probleme unter den Teppich zu kehren. Man stolpert nämlich trotzdem drüber!" Also sind gut vorbereitete Gespräche angesagt. Bei diesen sollten Sie sich bemühen, in der Ich-Form von Ihren Wahrnehmungen, Ihren verletzten Gefühlen und Ihren Änderungswünschen zu sprechen: „Ich fühle mich durch Ihr Verhalten ...", „Ich wünsche mir von dir ...". Diese sogenannten „Ich-Botschaften" sind konstruktiver als verallgemeinernd zu behaupten „Immer machen Sie ..." oder „Nie kriege ich von dir ... Du bist eindeutig ...". (Das wären dann destruktive sogenannte Du-Botschaften.)

- Ich kaufe nicht nur gern Schuhe, sie helfen mir – als Symbol – auch bei zwischenmenschlichen Problemen: Ich habe nämlich vor einiger Zeit beschlossen, nicht in jeden Schuh zu schlüpfen, den man mir bildlich gesprochen hinstellt. Auch Ihnen lege ich ans Herz, die Macken und Probleme anderer Menschen nicht zu Ihren eigenen zu machen. Und ich bin vorsichtig geworden, über jemanden zu urteilen, „in dessen Schuhen ich nicht gegangen bin". Es lohnt sich zu versuchen, den Blickwinkel des Menschen einzunehmen, den Sie gerade nicht verstehen. Dadurch sieht die Welt meistens deutlich anders aus als aus Ihrer Sicht. Sie können dann besser nachvollziehen, dass Ihr Gegenüber andere Aufgaben und Interessen hat als Sie, die sich auf sein Handeln und Argumentieren auswirken.

• Den Ansatz, Konflikte als Interessensunterschiede zu sehen, finde ich extrem hilfreich. „Was will ich? Worauf will der oder die andere hinaus? Wo können wir Kompromisse finden, die uns beiden etwas bringen?" Eine „Win-win-Situation", in der also beide Seiten profitieren, kann dadurch viel leichter erkannt und hergestellt werden.

• In Auseinandersetzungen, in denen keine gemeinsamen Lösungen machbar waren, hilft meiner Erfahrung nach die Einsicht, dass Enttäuschungen wörtlich *Ent-Täuschungen* sind. Sie hatten sich also in jemandem getäuscht oder sich etwas vorgemacht. Insofern ist es richtig, das, was Sie irgendwann „schlucken" müssen, anzuerkennen – so bitter das sein mag. *Nur wer loslässt, hat zwei Hände frei* heißt dazu das entsprechende Motto aus meinem Kraftbüchlein.

Manchmal muss man dann eben radikal umdenken. Als ich in einer erzwungenen beruflichen Neuorientierungsphase steckte, bekam ich den Rat, den ich gern an Sie weitergebe, mich am Pinguin zu orientieren. An Land watschelt dieses Tier ungeschickt umher, unter Wasser bewegt es sich geradezu elegant. Ich solle also für mich und meine Fähigkeiten die richtige Umgebung finden, die zu mir so perfekt passe wie für den Pinguin das Wasser. Das hat mir als Impuls sehr geholfen!

Umdeuten/Reframing

Ein Cartoon an meiner Pinnwand drückt gut die selbst gewählte Entscheidung aus, wie man etwas hören oder sehen will und was man als persönlichen Erfolg einschätzt: Ein Mann hat einen Pfeil abgeschossen und malt nachträglich hoch konzentriert mit Pinsel und Farbe eine Zielscheibe drumherum. Der Pfeil steckt dadurch mitten im Schwarzen! Dieser Schütze wählt eine meiner selbststärkenden Lieblingsmethoden, um Tatsachen des Lebens in einem positiveren Licht erscheinen zu lassen: das *Umdeuten*. Im Fachausdruck heißt sie *Reframing*. „Frame" heißt im Englischen der Rahmen, konkret auch der Bilderrahmen. Es geht also darum, einen neuen Rahmen für das Bild zu finden, das man sich von einer Situation macht.

Umdeuten meint nicht, die Dinge schönzureden – wobei meiner Meinung nach nichts dagegen spricht, hin und wieder absichtlich eine gedankliche rosarote Brille aufzusetzen, sondern es bedeutet, Ereignisse oder Informationen bewusst in einem anderen Zusammenhang zu sehen als in dem, den wir ihnen spontan zuordnen. Dies ist vor allem dann hilfreich, wenn uns unsere erste Deutung nicht guttut, wenn sie uns lähmt oder davon abhält, aktiv unseren eigenen Weg zu gehen. Diese Art von positivem Denken schenkt uns Kraft, anstatt sie uns zu nehmen. Wie im Sprichwort *Scherben bringen Glück!* oder beim Ausdruck *Glück im Unglück*, die jeweils eine Perspektive auf Hoffnung beinhalten.

ANNA hat Ihnen bereits eine Reihe von Praxisbeispielen für das Umdeuten gezeigt:

- Saunaruheraum (Kapitel 2, S. 28): Sie deutet den störenden Handyton als Weckersignal.
- „Bad body day" (Kapitel 3, S. 45): Sie macht sich vor dem Spiegel absichtlich unansehnlicher, um sich danach umso schlanker und besser zu fühlen.
- Wenn's wehtut (Kapitel 4, S. 52): Von Beschwerden an ihrem Körper lässt sie sich sagen, dass sie sich mehr um sich kümmern muss, und freut sich auf die schmerzfreie Zeit.
- Lampenfieber (Kapitel 7, S. 77): Sie schlüpft in die Rolle einer etwas aufgeregten Schauspielerin und nimmt den Stolz gedanklich vorweg.
- Kleine Notfälle (Kapitel 10, S. 114): Mit ihrem „U-Bahn-Krimi" gewinnt sie Lesezeit, statt sich zu ärgern.

Auch die bereits empfohlene Formulierung „Ich kann das NOCH nicht" statt „Ich kann das nicht" ist klassisches Reframing. Und wenn Sie meine obigen Konflikttipps noch einmal durchlesen, werden Sie auch eine Reihe von Umdeutungen darin entdecken.

Umdeuten kann man nicht nur gut einsetzen, um mit entmutigenden echten Stimmen in der Umgebung besser klarzukommen, sondern bei jeglichen Problemen. Sie bekommen jetzt die Gelegenheit, mithilfe dieser Methode sozusagen um die Ecke zu denken, um damit an Ihre ermutigenden inneren Stimmen heranzukommen. Vielleicht führt das zu der Erkenntnis, die ich in Coachings liebe: „SO habe ich das noch nie gesehen!"

Dafür wählen Sie sich einige fiktive oder echte Menschen oder sonstige Figuren aus der Welt-, Literatur- oder Filmgeschichte aus, die Sie mögen. Sie sollten sich in ihrer Gesellschaft wirklich wohlfühlen und schlichtweg davon ausgehen, dass die Sie auch mögen. Diese Wesen werden Ihnen bei der Betrachtung eines Themas, das Sie für sich klären wollen, zur Seite stehen. Ich gebe Ihnen ein paar Vorschläge, die Sie anregen sollen, Ihr eigenes Beraterteam zusammenzustellen. Wer darf Sie also beraten? Durch wessen Augen wollen Sie Ihr Thema betrachten?

- als *Wesen mit kindlichem Gemüt*: Michel aus Lönneberga? Ihre kleine Nichte? Obelix?
- als *humorvolles, lustiges Wesen*: der frühere Kollege, mit dem Sie immer so viel lachen konnten? Die Komikerin Anke Engelke? Till Eulenspiegel?
- als *weises Wesen*: eine gute Fee? Professor Dumbledore (der Leiter der Zaubererschule in den Harry-Potter-Büchern)? Mahatma Gandhi?
- als *pragmatisches, alltagspraktisches Wesen*: Ihr verstorbener Großvater? Miss Marple? Die Köchin Sarah Wiener?

Fällt Ihnen eine weitere Kategorie ein? Ob Sie eher eine naive oder eine freche Kinderstimme wählen, eher ein herzenskluges oder ein intellektuell weises Wesen etc. – das bleibt alles Ihnen überlassen. Merken Sie sich bitte Ihre Auswahl für die bald folgende Übung.

Ich möchte Ihnen das weitere Vorgehen an einem Beispiel illustrieren, das ich so ähnlich bei einem Coaching-Klienten erlebt habe: Angenommen, Sie überlegen, ob Sie befristet Ihre Wochenarbeitszeit reduzieren, weil Sie die letzten Jahre sehr viel gearbeitet haben. Eine Weiterbildung spukt Ihnen im Kopf herum, auch ein ehrenamtliches Engagement würde Sie reizen. Sie finden aber nicht einmal die Zeit, sich näher danach zu erkundigen. Da Sie in Ihrem direkten Umfeld viele skeptische Gegenargumente zu

hören bekommen, die Ihnen einleuchten (Geld, Rente, Arbeits-
aufgaben bleiben letztlich trotzdem, schwierig durchzusetzen),
sind Sie unsicher. Also befragen Sie Ihr selbst gewähltes Beraterteam. Dabei ist Ihr Anliegen: „Ich will Klarheit über meine Motive
zur Arbeitszeitverkürzung." Auf die Frage „Was hätte ich davon?"
antworten Ihnen aus ihrer jeweiligen Sicht:
* Obelix: „Super, du hättest endlich mehr Zeit, um mit Idefix zu
  spielen und Wildschweine zu jagen!"
* Anke Engelke: „Klasse, du könntest andere Rollen ausprobieren und viel Spaß haben!"
* Professor Dumbledore: „Alles im Leben hat seine Zeit, auch
  die Veränderung."
* Miss Marple: „Da fällt mir Mr Brown aus meinem Dorf ein, der
  hat so ewas ausprobiert. Ihm wurde der Gartenverein so wichtig, dass er auf Teilzeit geblieben ist."
Offenbar geht es Ihnen um Zeit zur Orientierung, zur Veränderung
und um den Wunsch nach erfüllender Lebensgestaltung. Würde
Ihnen das weiterhelfen? Der Sinn hinter dieser Übung ist, Sie auf
dem Umweg über Ihren erdachten Beraterstab mit Ihren inneren
Stimmen in Kontakt kommen zu lassen. Durch die Antworten, die
Sie spontan Ihrem unsichtbaren Beraterteam in den jeweiligen
Mund legen, erfahren Sie mehr über Ihr inneres Kind, Ihr fürsorgliches, Ihr sachbezogenes Selbst und vielleicht über weitere Stimmen. Das umgekehrte Verfahren ist übrigens ebenfalls sehr klä-
rend und hilfreich: Überlegen Sie sich, was Sie jemandem raten
würden, der oder die in Ihrer Situation ist.

Probieren Sie es nun als Selbstcoaching aus:

Interview mit meinem Beraterteam

Denken Sie sich in eine Fragestellung/ein Thema/ein Problem hinein, die/das Sie für sich klären wollen. Notieren Sie
sich als Erstes Ihr Ziel für die Beratungsrunde: „Ich will am
Ende Klarheit haben über ..."
* Wen wählen Sie in Ihren Beraterstab? Bitte notieren Sie
  sich, wer Sie mit der Sicht eines kindlichen, eines hu-
  morvollen, eines weisen und eines alltagspraktischen
  Wesens beraten soll. Sie dürfen selbstverständlich auch

mehr als ein Wesen pro Kategorie wählen und die Liste gern um weitere Kategorien ergänzen.

- Stellen Sie jeder Figur in Ihrer Runde dieselben Fragen und notieren Sie sich, was Ihnen spontan als mögliche Antwort in den Sinn kommt.
- Empfehlenswerte Fragen: „Was könnte hier die Chance sein?", „Was könnte ich daraus lernen?", „Wie siehst du mein Thema?", „Wie würde es mir gehen, wenn ich das so wie du sehen würde?", „Wie werde ich denken, wenn ich in einem Jahr und in fünf Jahren zurückschaue auf heute?" Ihnen fallen bestimmt noch mehr passende Fragen zu Ihrem Thema ein.

Konnten Sie Ihre Perspektiven erweitern? Sehen Sie jetzt klarer?

Putzen, aufräumen, ausmisten, bügeln, staubsaugen – dies sind für viele Menschen ungeliebte, aber nötige Alltagspflichten. Um sich das Leben zu erleichtern: Denken Sie vom Ziel her! Was wird es Ihnen Positives bringen, wenn Sie es getan haben? Sie finden Dinge wieder, Sie können sich in Flächen spiegeln, Sie haben Platz für Neues und so weiter. Der Umdeutungs-Clou hierbei ist der Wechsel von „Ich muss xy tun" zu „Ich will xy tun, weil ich dann ... erhalte". Oder nennen Sie die Aufgabe anders, „Verschönerungsaktion" beispielsweise. Den Tipp, Begriffe von Tätigkeiten, die Ihnen unangenehm sind, umzutaufen, habe ich Ihnen im Kapitel 9 zum Gedankenlenken, „Schwankungen ausgleichen", gegeben. ANNA, schon fortgeschritten im Umdeuten, veranschaulicht Ihnen nun, wie sie diese Methoden im privaten Alltag einsetzt.

Ungeliebte Pflichten

Man könnte mich eine lausige Hausfrau nennen – ich sage „Genuss-Putzen" dazu: Wir haben daheim die Pflichten untereinander aufgeteilt, das Badputzen ist meine Aufgabe. Schon vor langer Zeit habe ich mir abgewöhnt, ein schlechtes Gewissen zu haben, weil ich es weder schaffe noch einsehe, an einem bestimmten Tag der Woche aus Prinzip zu putzen. (Zu meinem Glück hat meine Familie eine ähnlich hohe Toleranzschwelle wie ich.) Ich warte also, bis es mir zeitlich passt und ich richtig Lust drauf habe. Dann aber! Mit fetziger Musik oder einem spannenden Hörbuch macht es mir regelrecht Spaß, das Bad wieder zu verschönern. Es ist vorher in einem ... nun ja ... putzwürdigen Zustand, sodass ich danach den Unterschied deutlich sehe und den neuen Glanz genieße. Ich tränke am Ende immer einen kleinen dafür vorgesehenen Stein mit Duftöl, damit ich längere Zeit auch noch den guten Geruch genießen kann.

Eine Freundin, die mal eine Zeit lang in meiner Wohnung Untermieterin war, hat das damals mit Erstaunen beobachtet. Dass man sich selbst „Genuss-Putzen statt Muss-Putzen" oder „Lust-Putzen statt Frust-Putzen" erlauben kann, verbindet sie bis heute positiv mit mir. Sie selbst hat inzwischen übrigens für sich „Achtsames Putzen" entwickelt, indem sie beispielsweise intensiv und geradezu liebevoll die Armaturen poliert. Eine andere Freundin kann dagegen meine Putzscheu gar nicht verstehen: Sie sagt, beim hingebungsvollen Badsäubern könne ihre Seele auftanken.

ANNA und auch ihre erstgenannte Freundin verwenden die Technik Reframing/Umdeuten, um einen besseren inneren Zugang zu einer ungeliebten Tätigkeit zu bekommen. Unter den positiven Begriffen „Genuss", „Lust" und „Achtsamkeit" versteht ihr emotionales Gedächtnis etwas Erstrebenswertes und Angenehmes im Gegensatz zu den negativ besetzten Worten „Pflicht" und „Müssen", geschweige denn „Frust". ANNA setzt zusätzlich ihre Sinne ein, um sich den Vorgang und das Ergebnis des Putzens zu verschönern: Sie hört anregende Musik oder interessante Hörbücher, sieht den Erfolg am neu gewonnenen Glanz und riecht das Duftöl. Dabei nutzt sie wiederum ihr emotionales Gedächtnis und bringt sich dadurch und durch das Erfolgserlebnis in einen Zustand des Wohlgefühls. An der zweitgenannten Freundin kann man sehen, wie unterschiedlich Menschen dieselbe Tätigkeit empfinden können und wie subjektiv die inneren Kraftquellen und Energiespender sind. Das Fokussieren auf das Putzen hat für die Psyche dieser Freundin offenbar einen ablenkenden, vielleicht sogar im übertragenen Sinn reinigenden Effekt. Vom Power-Putzen als möglichem Stressabbaumittel habe ich bereits im Kapitel 8 zum Stress erzählt.

Rückblick auf dieses Kapitel

- Sie kennen das Vier-Ohren-Modell der Kommunikation und wissen, dass es aus Selbststärkungssicht besser ist, mehr auf Sachaussagen und Selbstoffenbarungen zu achten als auf Beziehungsaussagen und Appelle.
- Sie wissen, wie in schwierigen Kommunikationssituationen das emotionale Gedächtnis und Stressreaktionen aktiv sind. Der Schritt-für-Schritt-Plan und die Konflikttipps haben Ihnen gezeigt, wie Sie konstruktiv damit umgehen können.
- Sie haben an vielen Beispielen Umdeuten/Reframing als Selbststärkungsmethode vertieft, wie Sie es bereits in einigen ANNA-Geschichten kennengelernt hatten.
- Sie haben die Anleitung erhalten, wie Sie ein gedachtes Beraterteam zur Problemlösung befragen und dabei mehr von Ihren inneren Stimmen erfahren.
- ANNAs alltagspraktisches Beispiel ist ein möglicher Weg, um unter anderem mit der Methode des Umdeutens leichter mit ungeliebten Pflichten umzugehen.

Zum Weiterlesen

Umdeuten/Reframing:
Diese Methode wird im systemischen Coaching und auch im NLP, dem sogenannten Neurolinguistischen Programmieren, eingesetzt, einem „Werkzeugkasten" zur Kommunikation mit sich und anderen.

www.zeitzuleben.de ist ein Online-Magazin zur Persönlichkeitsentwicklung und Lebensgestaltung, das ich gern empfehle. Wenn Sie auf der Startseite bei dem Lupenzeichen als Suchbegriff „Reframing" eingeben, finden Sie mehrere gut verständliche Artikel zum Thema.

Hören mit vier Ohren, Ich-Botschaften:
Sowohl das Vier-Ohren-Modell als auch die Ich- und Du-Botschaften werden von dem Kommunikationswissenschaftler Friedemann Schulz von Thun in dem Buch *Miteinander reden, Band 1* ausgearbeitet. (Auf Band 3 zum Inneren Team habe ich bereits im vorigen Kapitel hingewiesen.)

12. Falls Tomaten fliegen
oder
Welchen Schutzschild halten Sie in Händen?

Stellen Sie sich folgende Situation vor: Sie führen gerade stolz Ihre schon ganz schön ausgereiften Balancierkünste vor – plötzlich werden Sie mit Tomaten beworfen. Was können Sie tun? Sie nehmen am besten Ihre Arme zu Hilfe und halten einen Schild oder Ähnliches zum Schutz hoch. Vorausgesetzt Sie hatten sich auf diese Art von Angriff vorbereitet und haben daher einen solchen Gegenstand sicherheitshalber parat ...

Übertragen auf das Seelenbalancieren: Als Abrundung der Kapitel zum Gedankenlenken kommen wir nun zum bereits mehrfach angesprochenen *inneren Schutzschild* oder Schutzmantel. Dieses gedankliche Schutzmaterial können Sie einsetzen, wenn Sie sich von verbalen Angriffen anderer Menschen, deren Launen und deren stressbedingten Verhaltensweisen abgrenzen wollen. Es hilft Ihnen, sich vor seelischen Verletzungen zu schützen und eventuell den Angreifer abzuschrecken. Vielleicht haben Sie schon einmal davon gehört, dass das grässliche Bild der schlangenköpfigen Medusa auf dem Schild der altgriechischen Göttin Athene sogar andere Götter schockieren konnte.

Selbstschutz mit Gedankenkraft

Wieder einmal gilt, dass es je nach Vorlieben unterschiedlichste Möglichkeiten für diese Hilfsmittel gibt. In meinen Seminaren und in Coachings wurden als Schutzschild oder Schutzmantel unter anderem schon benannt:

- „ein Plexiglas-Schild, damit ich noch etwas sehen kann"
- „ein großer Regenschirm, den ich vor mich halte; damit schirme ich mich ab"
- „eine Rüstung, damit mich nichts verletzt"
- „ein ganz dicker Daunenmantel, der mich polstert und wärmt"

- „ein dickes Fell; das passt dann auch im übertragenen Sinn"
- „ein dünner, geschmeidiger Mantel, wie aus gesponnenem Wasser, ähnlich zu Harry Potters Tarnumhang" – das stammt von ANNA zu Beginn dieses Buches.

Und jetzt die Frage, mit der Sie schon rechnen: Welcher Gegenstand oder welches Kleidungsstück gefällt Ihnen zum Schutz persönlich besonders gut? Was würden Sie in Gedanken gern einsetzen? Auch meine Empfehlung, für die folgende Übung Papier und Stifte bereitzuhalten, wird Sie inzwischen bestimmt nicht mehr überraschen.

Mein Schutzschild/-mantel

Wie müsste die Überschrift für Sie lauten? Schild, Schirm, Rüstung, Mantel, Fell, Umhang ...?

- Welche Art von gedachtem Gegenstand möchten Sie also verwenden, um sich hin und wieder von der angriffslustigen Welt abzugrenzen und sich vor ihr zu schützen? Überlegen Sie, wie viel optischer und akustischer Kontakt zu Ihrer Umwelt Ihnen in dem Moment wichtig ist und wie beweglich Sie körperlich bleiben wollen.
- Probieren Sie die entsprechenden Bewegungen im Raum aus: Wie halten Sie den Schild oder Schirm, wie legen Sie den Mantel oder Umhang an oder das Fell um? Wie gehen Sie? Alles bitte mit aufrechter Haltung! Denn so geschützt brauchen Sie sich nicht kleinzumachen. Mithilfe des Gegenstands handeln Sie souverän und zeigen das auch – sich und anderen.
- Malen Sie ein Erinnerungsbild Ihres Schutzschildes, -mantels oder -schirms. Vielleicht sogar, wie Sie ihn halten oder anhaben? Trauen Sie sich!
- Für welche Situationen könnten Sie diesen Schutz brauchen? Machen Sie sich Notizen dazu.

Warum hilft bereits die gedankliche Vorstellung eines Gegenstandes, um sich innerlich vor Verletzungen zu schützen? Sie können sich selbst in Kraft denken, indem Sie Autosuggestion einsetzen. Diese wirkt über Worte oder Bilder auf Ihr Unterbewusstsein wie ein echter Reiz. Die Verbindung der kräftigenden Vorstellung „Ich habe einen schutzspendenden Gegenstand, damit kann mir nichts passieren" mit Bodyfeedback durch die aufrechte Haltung löst positive Gedanken und Gefühle aus. Der Körper reagiert mit Entspannung, was wiederum den Blick für das Positive erweitert und gedankliche Breite ermöglicht. Energie folgt der Aufmerksamkeit! Wenn Sie sich also auf ein Bild Ihrer Stärke konzentrieren, bewegen Sie sich heraus aus dem Gefühl von Schwäche und gewinnen tatsächlich an innerer Kraft. Und das merkt auch Ihr Gegenüber!

Mitten ins Herz, voll in den Bauch – manchmal werden wir überrumpelt und können nicht schnell genug unseren gedanklichen Schutzschild zücken, Schutzmantel überwerfen oder Schutzschirm öffnen. Gerade Frauen passiert es dann öfter, dass ihnen ungewollt Tränen in die Augen steigen. Es gibt Situationen, in denen das kein Problem darstellt, sondern die Tränen sogar als Entlastung und Stressabbau empfunden werden. Wenn Weinen jedoch völlig unpassend ist, können Sie sich mit folgenden erprobten Schritten wieder in Ihr inneres Gleichgewicht bringen:

Anti-Tränen-Programm

Gehen wir von einer Gesprächssituation aus, bei der Ihnen wegen einer Äußerung Ihres Gegenübers ungewünscht die Tränen in die Augen steigen. Folgender Ablauf, den ich hier in Einzelphasen zerlege und in Zeitlupe darstelle, dauert nur wenige Sekunden:

- *Atmen*: Setzen Sie sofort die Erste Hilfe gegen akuten Stress ein, atmen Sie also mehrmals tief ein und mindestens so tief wieder aus.
- *Bewegen und Bodyfeedback*: Versuchen Sie, durch Bewegung einen minimalen Rückzugsraum zu gewinnen und damit die Szenerie zu verändern oder ein Stück weit zu verlassen: Kramen Sie beispielsweise nach einem Bonbon oder Taschentuch, füllen Sie ein Glas mit Wasser, öffnen Sie ein Fenster. Richten Sie sich so gerade wie möglich auf.
- *Trinken*: Schlucken lockert den verkrampften Halsbereich. Konzentrieren Sie sich darauf, achtsam Schluck für Schluck zu trinken. Diese Gedankenfokussierung bringt Sie weg von Ihren verletzten Gefühlen.
- *Denken*: Denken Sie an etwas Staubtrockenes, Sachliches, gefühlsmäßig nicht Belastetes. Legen Sie sich so etwas vorher

zurecht, damit Sie es in der Tränensituation abrufen können. Gut geeignet sind z.B. Wochentag und Datum („Heute ist ...“). Oder zählen Sie rückwärts in einer Fremdsprache von zehn bis null. Auch hier wirkt die Gedankenfokussierung.

- *Augen nach oben*: Während der neutralen Gedanken bewegen Sie die Augen nach oben, lassen den Kopf dabei jedoch gerade. (Diesen Tipp gebe ich an Sie weiter, ohne mich selbst näher mit NLP, dem Neurolinguistischen Programmieren, woher er stammt, beschäftigt zu haben. Er funktioniert jedenfalls, das kann ich bestätigen.)

Durch dieses Gesamtpaket zur Selbststärkung werden Sie nach kurzer Zeit wieder in der Lage sein, sich Ihrem Gegenüber gefasster zuwenden zu können.

Falls Sie ein Mensch sind, der öfter in ungelegene Tränen-Situationen kommt: Was ist Ihr hilfreicher neutraler Gedanke, auf den Sie im Bedarfsfall blitzschnell zugreifen könnten? Wie auch für Ihre Variante des Schutzschildes gilt beim Anti-Tränen-Programm: Je öfter Sie den Ablauf eingesetzt oder zumindest in Ihrer Vorstellung durchgespielt haben, desto zuverlässiger und schneller funktioniert er.

ANNA konnte ihre Tränen bereits erfolgreich abwehren:

Tränen

Ich bin „nahe am Wasser gebaut": Mir steigen schnell Tränen in die Augen – wenn ich gerührt bin, aber vor allem, wenn ich mich angegriffen, hilflos oder überfordert fühle. Das ist kein Versuch, mein Gegenüber emotional zu erpressen, sondern schlicht ein Zeichen dafür, dass ich bewegt bin. „Heulsuse" oder „Die drückt auf die Tränendrüse" sind Einschätzungen, vor denen ich mich fürchte und bei denen ich mich missverstanden fühle. Wenn es mir bisher doch passierte, dass mir Tränen die Wangen herunterliefen, bat ich immer darum, dies zu ignorieren. Inzwischen habe ich mehrere Selbststärkungstricks gelernt, mit denen ich mich wieder ins Gleichgewicht bringen kann.

Die erste Gelegenheit, sie einzusetzen, hatte ich als Leiterin einer Arbeitsgruppe. Mir war das Thema zugeteilt worden. Ich war fachfremd und auf das Know-how der Kollegen, alle männlich, angewiesen; dies hatte ich ihnen auch offengelegt. In unserer ersten Sitzung

hatte ich voller Engagement Beiträge, die aus der Gruppe kamen, auf Karten mitgeschrieben und an der Pinnwand sortiert. Ein Teilnehmer monierte irgendwann in genervtem Ton: „Der Kartenschnickschnack da bringt uns überhaupt nicht voran". Entsetzt merkte ich, dass mir als Reaktion Tränen in die Augen traten. Ich wollte auf keinen Fall vor diesem Menschen und den anderen Männern in der Gruppe mein Gesicht verlieren. Immerhin fiel mir mein vorab zurechtgelegtes „Anti-Tränen-Programm" ein, meine Rettung: atmen, mich zum hinter mir bereitstehenden Glas drehen, langsam ein paar Schlucke Wasser trinken, an meinen Einkaufszettel denken plus Blick dabei nach oben richten. Ich beschloss, aus dem Angriffssatz vor allem herauszuhören, dass der Teilnehmer nicht mich infrage stellt, sondern mit dem bisherigen Ergebnis unzufrieden ist. Erleichtert merkte ich, wie ich meine Tränen wegblinzeln und wohl auch wieder Hoffnung auf eine feste Stimme haben konnte. Ich hatte mich wieder einigermaßen ins Gleichgewicht gebracht. Ich richtete mich gerade auf, nahm noch einen tiefen Atemzug und ging zurück zur Pinnwand. Dann sah ich den kritischen Kollegen direkt an und sagte: „Sie sind also unzufrieden. Was schlagen Sie vor, wie wir stattdessen weitermachen könnten?"
Wir konnten noch zu einem gemeinsam getragenen Arbeitsergebnis kommen. Der vermeintliche Angreifer kam am Ende dieser Besprechung zu mir und murmelte etwas von „Vorhin im Ton vergriffen". Ich nahm es als Entschuldigung und freute mich darüber.

ANNA fühlte sich wegen ihrer Methoden angegriffen und als Leiterin infrage gestellt, gerade als einzige Frau in der Runde. Ihre stressbedingten Tränen stammten aus dem Gefühl von passiver Hilflosigkeit, wie bei der Totstell-Reaktion ihrer urzeitlichen Vorfahrin. Um den Tränenfluss zu stoppen und sich zu stabilisieren, setzte ANNA Bodyfeedback und Gedankenfokussierung ein. Es gelang ihr, den stressauslösenden Satz mit allen vier Ohren zu hören:

- Den *Appell* („Er will, dass ich aufgebe") und
- die *Beziehungsaussage* („Er hat mich wegen meiner Arbeitsweise angegriffen", „Er stellt mich als Leiterin infrage") konnte sie in den Hintergrund schieben und stattdessen
- den *Sachinhalt* („Er hält die Kärtchenmethode für nicht passend") und

- die *Selbstoffenbarung* („Er ist unzufrieden mit unserem Ergebnis", „Er will ein besseres Ergebnis") in den Vordergrund stellen. Damit nahm sie den Satz also weniger als persönliche, sondern mehr als sachliche Kritik. ANNA gewann genug Abstand und konnte offensiv einen Änderungsvorschlag des Kritikers einfordern. Damit sicherte sie sich den Respekt der Kollegen.

Das war jetzt zum Abschluss des zweiten Teils dieses Buches schon ein wahrlich fortgeschrittenes Kunststück des Seelenbalancierens!

Rückblick auf dieses Kapitel

- Sie haben sich einen gedanklichen Schutzschild oder Ähnliches überlegt.
- Sie kennen das Anti-Tränen-Programm, mit dem Sie unter Einsatz von Bodyfeedback und Gedankenfokussierung in kurzer Zeit wieder die Fassung gewinnen können.
- ANNA hat die Anwendung dieses Programms und den Einsatz von vier Ohren in einer schwierigen, tränenauslösenden Arbeitssituation verdeutlicht.

Zum Weiterlesen

Innerer Schutzschild:
Schon beim Teile-Modell der Seele im Kapitel 7 auf S. 107 habe ich das Buch *Die etwas gelassenere Art sich durchzusetzen. Ein Selbstbehauptungstraining für Frauen* von Barbara Berckhan empfohlen. Ihm habe ich auch die Idee zum inneren Schutzschild zu verdanken.

NLP (Neurolinguistisches Programmieren), Augenbewegungen:
Wenn Sie auf der Startseite von *www.zeitzuleben.de* auf das Lupenzeichen klicken und „NLP" in das Suchfenster schreiben, erhalten Sie eine leicht zu lesende Einführung in das „NLP für den Alltag", die unter anderem die Bedeutung der verschiedenen Richtungen der Augen erläutert.

Selbstcoaching mit „Harry Potter":
Ich habe über das Buch verteilt verschiedene Möglichkeiten des Selbstcoachings mithilfe der Bücher von J.K. Rowling angedeutet. Ähnlich arbeitet das Wiener Coach- und Trainerpaar Elisabeth Gräf und Roman Kellner. In ihrem kleinen Buch *Ziele und Zaubersprüche. Von Harry Potter und seiner Welt lernen* finden Sie weitere Ideen dazu.

Gelassen immer
wieder ins Gleich-
gewicht kommen
oder
Wie Sie Ihre neuen
Balancierkünste im
Alltag anwenden
können

Kennen Sie das? Am Ende eines Kurses fühlt man sich oft euphorisch – nach kurzer Zeit ist man jedoch wieder im üblichen Trott, und die guten Vorsätze sind schnell vergessen.

Ihnen sind jetzt sowohl die Grundlagen entspannten Seelenbalancierens als auch der erfolgreiche Umgang mit Irritationen und Widrigkeiten vertraut. Sie haben Fachwissen erworben, zahlreiche Tipps von mir bekommen, eine ganze Reihe von Methoden kennengelernt und viel Gelegenheit zum Nachdenken über sich selbst erhalten.

Damit Sie von diesem Buch noch lange profitieren, möchte ich Sie nun abschließend anregen, dieses Wissen gezielt zu wiederholen, Ihr persönliches Selbststärkungs-Set zusammenzustellen und festzulegen, wie Sie es in Ihren Alltag übernehmen wollen.

13. Überblick über Ihre neu erworbenen Balanciertechniken oder Fragen und Antworten zur Selbststärkung

Blättern Sie nun bitte zum Anhang namens „Was Sie hier alles erfahren haben und wo Sie es finden" am Buchende Seite 154. Dort habe ich, nach Kategorien geordnet, die Titel aller Theorien, Tipps und Empfehlungen, Nachdenkübungen, Körperübungen und mentalen Entspannungsübungen sowie von ANNAs Selbststärkungsgeschichten zusammengestellt. Die Kapitelverweise erleichtern Ihnen das Wiederfinden.

Sind Sie überrascht, wie lang die Liste geworden ist? Das haben Sie alles gelesen, durchdacht, hoffentlich auch ausprobiert und sich zum Teil Notizen dazu gemacht! Sie können diese Auflistung als Nachschlage- und Erinnerungshilfe benutzen, aber ebenso, um sich Ihre Lieblingsmethoden für bestimmte Situationen herauszusuchen. Oder auch als Inspirationsquelle und Spickzettel zur Beantwortung der Fragen, die ich Ihnen jetzt als „Lernerfolgskontrolle", aber auch als Denkanstoß stellen werde.

Starten wir mit einer Quizfrage:
Was hat Schokolade mit Balancieren zu tun? Bitte erst nachdenken, dann weiterlesen.

Ich will Ihnen den Zusammenhang an meinem persönlichen Beispiel erläutern: Aus Selbststärkungssicht liegt der Schlüssel zur Antwort in dem schönen Satz *Schokolade macht glücklich.* Ich liebe Schokolade. Sie zu sehen, zu riechen, zu schmecken, sogar das ganz spezielle Knacken beim Abbrechen zu hören verschafft mir Genuss. (Wir spicken im Anhang: *Genuss mit allen Sinnen,* das findet sich in Kapitel 1). Meine Genussbiografie hat sich immer mehr in Richtung dunkle, bittere Schokolade verändert (*Vorliebenbiografie, Meine Sinnesvorlieben,* Kapitel 1). Ich verbinde Schokolade schon von klein auf mit „Belohnung", „Verwöhngeschenk" und „Trost". Dadurch reagiert mein emotionales Gedächtnis auf den

Reiz „Schokolade" mit positiven Gefühlen (*Emotionales Gedächtnis*, ebenfalls Kapitel 1). Auf sehr kurzem Weg wird bei mir dadurch eine Entspannungsreaktion ausgelöst (*Entspannung*, Kapitel 6). Eine Schokoladenpause ist für mich ein Energiespender für den Körper (Fett, Zucker, Kohlenhydrate, kleiner Koffeinkick über den Kakao, geringfügige Erhöhung des „Glückshormons" Serotonin), den Geist (Pause) und die Seele (Wohlgefühl) (*Energiespender*, Kapitel 2). Ich setze sie als Selbstbelohnung und als Seelentrost ein – und darüber hinaus ziemlich oft, um mir schlichtweg etwas Gutes zu tun, also um mich selbst zu verwöhnen. Schokoladeessen steht auch auf meiner Lebensfreudeliste (*Meine Energietankstellen*, Kapitel 2). In Verbindung mit einer Cappuccinopause zelebriere ich es sogar als achtsame Mini-Meditation (*Mein achtsamer Alltag*, Kapitel 5). Weil ich von klein auf gelernt habe, dass Schokolade mich glücklich macht, tut sie es tatsächlich. Der Zusammenhang zum Balancieren, nach dem ich oben gefragt habe, ist die (mich) entspannende Wirkung. Und die hilft (mir) natürlich ebenso gut beim Seelenbalancieren.

Wer eine andere Genussbiografie oder andere Geschmacksvorlieben hat, kann allerdings nicht von der Schokoladenwirkung profitieren – hat aber sicherlich andere persönliche Leckereien.

Frage- und Antwortspiel zum Thema Selbststärkung

Um Ihr „Kurswissen" zu wiederholen und zu sichern, möchte ich Ihnen eine Reihe von weiteren Fragen zum Thema Selbststärkung vorlegen. Analog zum Schokoladenbeispiel können Sie diese mithilfe des Handwerkszeugs beantworten, das Sie mit dem Balancierkurs für die Seele erworben haben. Gelingt es Ihnen aus dem Stand oder müssen Sie erst in der Liste oder vorn im Buch nachgucken? Keine Hemmungen, das dürfen Sie! Ich gebe Ihnen jeweils eine Musterantwort in Kurzfassung.

Wie können Sie sich gezielt entspannen? Wirksam sind die hier beschriebenen rein mentalen (z.B. *Innere Wärme- und Energiekugel*) oder auch körperlichen Entspannungsübungen (z.B. *Hände durchs Wasser ziehen*). Darüber hinaus helfen Ihnen klassische Entspannungstechniken wie *Autogenes Training* oder *Qigong*. Als Einschlafhilfen empfehlen sich Gedankenübungen wie *Fantasiereisen* und das *Einschlaf-ABC*. Der Abschnitt *Vom Schlafen und Träumen* gibt Ihnen dazu weitere Tipps, beispielsweise für eine Schlafbrille oder einen Tagtraum mithilfe schöner Erinnerungen.

Was können Sie präventiv für sich tun, um sich Entspannung zu gönnen und Abstand von belastenden Themen zu erlangen? Sie sollten sich alles, was mit Ihren *Genussvorlieben*, Ihren *Energiequellen* und Ihren persönlichen Anlässen für Freude und Lachen zu tun hat, möglichst oft aktiv in Ihr Leben holen. Lassen Sie Ihr *fürsorgliches Selbst* sich um Ihr *inneres Kind* kümmern, um den *inneren Kritiker* in seine Schranken zu verweisen. Mit *Erlaubersätzen* dämmen Sie die Macht Ihrer inneren Antreiber ein.

Wie können Sie sich aus einem Energietief heraus Aktivierung verschaffen? Für einen gezielten Einsatz sind die *Ohrmassage* und generell Bewegung gut geeignet, beispielsweise zu anregender Musik aus Ihrer *Sinnesvorlieben-Liste*. Ihren Kreislauf kurbeln Sie mit Ausdauersportarten an und stabilisieren sich dabei gleichzeitig gegen Stressfolgen. Auf Ihrer *Lebensfreudeliste* und bei dem, was Sie sich unter dem Motto *Das bringt mich zum Lächeln und Lachen* zusammengestellt haben, finden Sie Ihre persönlichen Energiequellen.

Wie können Sie Ihre Gedanken so lenken, dass Sie Energie gewinnen? Dabei helfen Ihnen je nach Situation die Methoden *Selbstbeeinflussung/Autosuggestion*, *So tun als ob* und *Umdeuten/ Reframing*. Sowohl Gedankenbilder als auch Worte sind geeignet, um gelassener und innerlich stärker zu werden: Dazu gehören mentale Entspannungsübungen (z.B. *Inneres Lächeln*), Fantasiereisen (z.B. *Mein Fantasiegarten*), ein kraft- und glücksspendender Gegenstand (z.B. ein gedachter Glückstrunk), ein Kraftwort (z.B. „Gelassenheit"), ein Kraftsatz (z.B. „Ich wünsche mir Gelassenheit"), ein innerer Schutzschild/-mantel oder die Befragung Ihres inneren Beraterteams. Der *Gedankenstopp* bringt Sie aus einer negativen Gedankenspirale.

Woran merken Sie, dass Sie aus dem Gleichgewicht geraten sind? Wie bei den *Urzeit-Stressreaktionen* Raufen/Laufen/Totstellen reagieren Sie auf Reize, die Sie als Bedrohung einschätzen, körper-

lich, geistig und emotional. Stress ist unter anderem an körperlicher Unruhe, Tunnelblick und Gereiztheit erkennbar. Wie das
spezifisch für Sie aussieht, haben Sie bei *Meine typischen Stress-
Schwachstellen und -reaktionen* notiert.

*Was können Sie tun, um sich aus einer akuten Stresssituation her-
auszuhelfen?* Sie setzen am besten *Bodyfeedback* (als Erste Hilfe
tief ein- und ausatmen; aufrechte Haltung) und *Gedankenfokussieren* nach dem Leitsatz *Energie folgt der Aufmerksamkeit* ein. Zum
schnelleren Adrenalinabbau trägt körperliche Bewegung bei, beispielsweise durch Auspowern mit der Stressabbautrommel.

*Wie können Sie sich ins Gleichgewicht bringen, wenn Sie von nega-
tiven, schwächenden Gefühlen überrascht werden?* Wenn Sie den
Eindruck haben, dass Sie unangemessen reagieren, machen Sie
sich am besten klar, dass Sie von Ihrem *emotionalen Gedächtnis* in
einen „alten Film" und in alte Gefühle versetzt wurden. Wenn
Äußerungen anderer Menschen der Auslöser waren: Vergrößern
Sie Ihr *Sachaussagen-* und Ihr *Selbstoffenbarungsohr*, verkleinern
Sie Ihr *Beziehungs-* und Ihr *Appellohr*. Überprüfen Sie, ob nicht
auch Ihr Gegenüber gerade im Stress ist und daher überreagiert.
Das *Anti-Tränen-Programm* gibt Ihnen eine Anleitung, wie Sie
stressbedingte Tränen wegblinzeln können.

*Wie können Sie sich in schwierigen Kommunikationssituationen
helfen?* Hier passt der Schritt-für-Schritt-Plan, mit dem Sie Ihre
vier Ohren aktivieren. Grundsätzliche Konflikttipps finden Sie im
Abschnitt *Wenn's knatscht, knirscht und kracht*. Empfehlenswert ist
es, die innere Stimme *sachbezogenes Selbst* zum Einsatz kommen
zu lassen und den *inneren Schutzschild* zu verwenden.

Dieses Frage- und Antwortspiel führt Ihnen gut vor Augen, dass
Sie Ihre Balancierkünste sowohl in akuten Situationen als auch zur
Prävention einsetzen können. Je nach Anlass hilft Ihnen eine ande-
re Kombination der Instrumente. Beispiele dafür liefern Ihnen
ANNAs Geschichten jeweils am Kapitelende.

14. Fallschirm, Netz, weiche Matte? oder Ihr persönliches Set zur Selbststärkung

Wie geht es Ihnen? Das meine ich jetzt nicht als Höflichkeitsfloskel, sondern durchaus ehrlich und ernst. Fühlen Sie sich momentan eher energiegeladen oder müde, eher froh oder angeschlagen? Um zu merken, ob Sie beim (Seelen-)Balancieren gerade abzustürzen drohen und im übertragenen Sinn eine Sicherungsmaßnahme wie einen Fallschirm, ein Netz oder eine weiche Matte brauchen, habe ich einen Tipp für Sie:

Energie- oder Stimmungsbarometer
Hiermit können Sie sich auf einfachem Weg Klarheit verschaffen, wie es Ihnen geht. Zeichnen Sie drei „Smileys" wie die folgenden und kreuzen Sie auf der Skala an, wie Sie sich im Moment fühlen:

Mir geht es gerade:

Und dann beantworten Sie sich die Fragen „Woran merke ich es?" und „Warum fühle ich mich so?", am besten auch schriftlich.

Ich empfehle Ihnen, sich auch die weitergehende Frage zu stellen, wie es Ihnen auf einen längeren Zeitraum bezogen geht, beispielsweise in diesem Monat, und auch hierbei das „Woran" und das „Warum" auszuformulieren. Finden Sie Unterschiede zu Ihrem momentanen Zustand?

Neben dem Energieniveau können Sie mit diesen „Smileys" auch gut Ihre Stimmung erfassen: „Meine Laune ist gerade ..." So wird das Instrument dann zum Stimmungsbarometer. Das Barometer dient Ihnen dazu, Ihren eigenen Zustand bewusster und sensibler beobachten zu können.

Angenommen, Sie sind – mit oder ohne Barometer – darauf gekommen, dass es Ihnen momentan nicht besonders gut geht und dass Sie in irgendeiner Art aus dem Gleichgewicht geraten sind. Was können Sie dagegen machen? Und was können Sie präventiv für sich tun, damit Sie erst gar nicht wieder in diesen Zustand geraten?

Ich bin sicher: Sie mögen nicht alle Möglichkeiten und Methoden, die ich Ihnen in diesem Buch vorgestellt habe, gleich gern, manche vielleicht gar nicht. Beim Frage- und Antwortspiel zur Selbststärkung sind Ihnen sicherlich bereits Ideen gekommen, wie Sie die Fragen für Ihre Person beantworten könnten statt nur allgemein. Daran knüpfen wir jetzt an.

Individuell passende Wege zum Thema Selbststärkung

Sie haben nun Gelegenheit, sich Ihr *persönliches Selbststärkungs-Set* zusammenzustellen, das perfekt zu Ihnen passt. Jetzt können Sie Ihre Notizen, die Sie sich im Laufe des Buches gemacht haben, anwenden. (Ich setze einfach voraus, Sie haben bei den Nachdenkübungen Ihre Ergebnisse aufgeschrieben und bei den Fantasiereisen Erinnerungsbilder gemalt. Damit erspare ich Ihnen und mir die vielleicht schulmeisterlich wirkende Formulierung „FALLS Sie ... gemacht haben".) Auch hierfür empfehle ich Ihnen Papier und Schreibzeug.

Mein persönliches Selbststärkungs-Set
Sie werden hier eine Art Formular für sich ausfüllen. Bitte schreiben Sie das jeweilige Thema ab und ergänzen Sie dahinter Ihre persönlichen Lösungen im Sinne von „Das würde ich gern tun, wenn ich die Gelegenheit hätte und immer rechtzeitig daran denken würde". Falls Ihnen eine Methode nicht gefällt, überspringen Sie sie einfach.
Blättern Sie dafür im Buch, schauen Sie noch einmal in das vorige Kapitel 13, schlagen Sie in der Themen- und Übungsliste im Anhang nach und lesen Sie sich vor allem Ihre eigenen Notizen durch. Sicherlich haben Sie über meine Anregungen hinaus eigene bewährte Lieblingsstrategien, die Sie hier ebenfalls auflisten möchten.

- Daran merke ich, dass ich im Stress bin: ...
- Das mache ich, um mich aus akuten Stresssituationen zu holen: ...
- Gezielte Entspannung verschaffe ich mir mit: ...
- Um gut einzuschlafen, hilft mir: ...
- So bringe ich mich wieder ins Gleichgewicht, wenn ich von negativen, schwächenden Gefühlen überrascht werde: ...
- Auf diese Art stabilisiere ich mich in schwierigen Kommunikationssituationen: ...
- Mit diesen Methoden und Tricks lenke ich meine Gedanken zum Positiven, um Energie zu gewinnen: ...
- Meine liebste Fantasiereise führt mich hierhin: ...
  Ich setze sie gern ein, wenn: ...
- Mein kraft- und glücksspendender Gegenstand ist: ...
  Ich setze ihn gern ein, wenn: ...
- Mein Kraftwort lautet: ...
  Ich setze es gern ein, wenn: ...
- Mein Kraftsatz heißt: ...
  Ich setze ihn gern ein, wenn: ...
- Mein innerer Schutzschild sieht so aus: ...
  Ich setze ihn gern ein, wenn: ...
- Mein inneres Beratungs-Dreamteam hat folgende Besetzung: ...
  Ich befrage es gern in solchen Situationen: ...
- Aus einem Energietief verschaffe ich mir hiermit Aktivierung: ...
- Um Entspannung und Abstand zu belastenden Themen zu bekommen, gönne ich mir präventiv: ...
- Meine Erlaubersätze lauten: ...

Ihr persönliches Selbststärkungs-Set zusammenzustellen verlangt einige Nachdenkarbeit und Zeit, aber ich bin zuversichtlich, am Ende werden Sie sagen: „Das hat sich gelohnt!"

Ich gratuliere Ihnen zu Ihrem persönlichen Set! Damit können Sie sich wunderbar helfen, wenn Sie auf der Wippe des Lebens ins Schwanken geraten sind. Jetzt müssen Sie diese Vorhaben nur noch umsetzen ...

15. Erinnerungshilfen oder Wie Sie Ihre neuen Balancierfähigkeiten in Ihren Alltag integrieren

Sie wollen Ihr gerade entwickeltes persönliches Selbststärkungs-Set bestimmt im täglichen Leben anwenden und es nicht beim Nachdenken plus Aufschreiben belassen. Daher ist es wichtig, eine Strategie zu entwickeln, wie Sie es in Ihren Alltag übernehmen können. Von einer ganzen Reihe von Möglichkeiten dazu habe ich Ihnen bereits im Verlauf des Buches erzählt, vor allem im Kapitel 7 „Üben, üben, üben".

Ausnahmsweise zitiere ich mich selbst. Die wahrscheinlich wichtigsten zwei Sätze dieses Balancierkurses für Ihre Seele sind meiner Meinung nach: *Daher ist es schlichtweg das Gegenteil von typischen Stressreaktionen, das uns in Kraft und gute Laune hilft: aufrecht mit freier Kehle dastehen, tief atmen, die Stirn glätten, lächeln, für warme Hände sorgen, genau hinschauen und Details wahrnehmen, in mittlerer Lautstärke und Tonhöhe sprechen, achtsame Bewegungen, Blick auf das Positive. Dies alles hilft uns innerlich und auch im Kontakt mit unserer Umwelt!* Sie stammen aus Kapitel 8, Seite 87.

Die gute Nachricht dabei ist: Alles, was Sie zur Selbststärkung brauchen, haben Sie bei sich: das Rückgrat und den Kopf zum Aufrichten, Atmung, Hände, Fantasie, einen Mund zum Lächeln sowie Gedankenkraft, die Sie ins Positive lenken können.

Die nicht so schöne Nachricht lautet: Die meisten Menschen vergessen diese Instrumente und ihre Einsatzmöglichkeiten viel zu oft, vor allem in anstrengenden, belastenden, als stressig empfundenen Situationen. Genau dann also, wenn sie sie am dringendsten bräuchten ...

Anregungen für Erinnerungshilfen

Erinnern Sie sich an den „Trampelpfad", der zu einem für Sie erstrebenswerten Ort führt? Ich habe ihn als Versinnbildlichung des Übens verwendet. Wie können Sie sich Wegweiser zu Ihrem Ziel aufstellen und sich selbst daran erinnern, wie schön es am Ende des Pfades sein wird? Dort finden Sie Entspannung, Kräftigung, innere Balance, Gelassenheit, Ruhe, gute Laune ... – oder eben, was Sie sonst suchen und brauchen. Die Wegweiser sollten gut sichtbar sein und müssen gepflegt werden, damit sie nicht verrotten oder überwuchert werden. Erst wenn Sie imstande sind, auch im entkräfteten Zustand ganz selbstverständlich Ihren inzwischen gut geweiteten Pfad zu begehen, werden die Schilder allmählich überflüssig.

Wie können Sie sich also an das so simple wie wirksame Bodyfeedback und die vielen Möglichkeiten des Gedankenlenkens erinnern? Ich kann Ihnen hier nur Tipps geben, alle sind bewährt. Die für Sie richtigen Methoden müssen Sie selbst finden. Wie wäre es mit Erinnerungszetteln mit Stichworten und/oder kleinen Symbolen? Die Skizze einer „Tropfkerze" oder einer Badewanne auf dem Nachttisch, um beim Einschlafen an eine Entspannungsübung oder eine Fantasiereise zu denken? Den Smiley am Spiegel oder im Kalenderbuch und die Krone am Kühlschrank („Kopf hoch!") habe ich Ihnen bereits vorgeschlagen. Auch ein kleiner persönlicher Notfallplan oder Ihre Erlaubersätze auf einem Kärtchen in der Geldbörse sind eine gute Erinnerung.

Was wollen Sie verändern oder einführen, um sich an stündliche, tägliche, wöchentliche Erholungspäuschen und -phasen zu erinnern? Nutzen Sie Ihren Kalender und tragen Sie dort Termine mit sich selbst ein: für Zeit, die Sie zum Auftanken und vielleicht Faulenzen nutzen wollen. (Ein Trick, um sich aus akuten Ärgergefühlen zu bringen, ist übrigens, sich für eine konkrete Uhrzeit ein paar Stunden später „Ärgern!" als zehnminütigen Termin vorzunehmen.) Ich habe sehr gute Erfahrungen damit gemacht, Sporttermine fest in meinen Kalender einzutragen. Damit steht der Termin und wird dadurch viel schwerer gekippt. Dazu passend kann ich Ihnen empfehlen: Beschließen Sie eine Handlung, die Ihnen guttut, als „Regel" und diskutieren Sie nicht jedes Mal mit sich darüber. Erst im Ausnahmefall weichen Sie von dieser Regel ab. Hin und wieder dürfen Sie freilich durchaus nachsichtig und gnädig mit sich sein ...

Ich habe das beispielsweise beim Radeln ins Büro, das mittlerweile auf meiner Lebensfreudeliste steht, genau so gemacht. Zunächst war ich eine reine Schön-Wetter-Radlerin. Das gefiel mir und tat mir in jeder Hinsicht gut. Morgens war meine Überlegung: „Ist es schön genug, sodass ich Lust habe zu radeln?" Das Ergebnis fiel trotz der guten Erfahrungen wetterunabhängig oft genug negativ aus – aus Bequemlichkeit und Unlust –, und daher fuhr ich mit öffentlichen Verkehrsmitteln. Allmählich legte ich mir eine bessere Ausstattung zu, mit der ich mich sicherer (Helm in einer meiner Lieblingsfarben, Reflektorstreifen zum Umhängen), praktischer ausgestattet (großer Korb), trockener und wärmer (Regenhose) fühle. Den letzten Anstoß, das Radeln zum täglichen Standard in allen Jahreszeiten und bei fast jedem Wetter zu erklären und das Nichtradfahren zur Ausnahme, gab mir die Zeichnung *Benefits of a Bicycle*. Sie wird im Internet verbreitet und beschreibt auf originelle Art in Englisch, was so toll am Radfahren ist. Das spricht meine Gefühle an! Da geht es nicht nur vernünftig um „kräftige Muskeln", „umweltverträglich" oder „Kalorienverbrauch", sondern da steht unter anderem *Puts a big fat smile on your face* und *The Earth sends a lil extra luv to those on bicycles (this is scientifically documented)*. (In etwa *Verpasst Dir ein dickes fettes Lächeln* und *Die Erde schickt ein bisserl extra Liebe an Leute auf Fahrrädern, das ist wissenschaftlich erwiesen*). Die Grafik samt Beschriftung habe ich im Büro an die Schranktür geklebt, sie amüsiert und motiviert mich immer wieder.

Also somit gleich noch ein Tipp: Hängen Sie sich motivierende Bilder oder Sprüche sichtbar auf! Auch sie sind eine Art Wegweiser zu Ihrem Wohlbefinden. Vielleicht an einer Pinnwand, so wie die über meinem Schreibtisch, an der die „Üben"-Postkarte angeheftet ist?

Meine Angewohnheit, schöne Briefausschnitte und Weisheitssprüche zu sammeln, kennen Sie von meinem „Kraftbüchlein". Es zu füllen tut mir gut. Seine Wirkung zeigt es aber erst wirklich, wenn ich es in angeschlagenem Zustand zur Hand nehme und mich davon aufbauen lasse. Dafür muss ich es jedoch griffbereit aufbewahren.

Ein Notfallplan, eine Strategie, ein Kraftbüchlein – all dies kann nur zum Einsatz kommen, wenn Sie es nicht im dicken Stapel verschwinden lassen. „Brauche ich gerade nicht" darf nicht bedeuten „Aus den Augen", denn das heißt erfahrungsgemäß meist zugleich „Aus dem Sinn"! Und irgendwann finden Sie es zufällig wieder und wundern sich, welch kluge Vorsätze Sie schon einmal gefasst hatten und welche Vielfalt an guten Selbststärkungsmethoden Sie schon einmal parat hatten ...

Noch eine Schreibvariante kann ich Ihnen empfehlen: den Tages- oder Wochenrückblick. Je nachdem, was Ihr Thema ist, könnten Sie beispielsweise in den Blick nehmen: „Welche kleinen Entspannungsmomente konnte ich mir heute verschaffen?" Oder: „Wo ist es mir in der letzten Woche gelungen, meine vier Ohren einzusetzen und nicht alles auf mich zu beziehen?" Eine Coaching-Klientin von mir konnte sich mit einem „Schatzkästlein der guten Erfahrungen" helfen. Sie hat sich jeden Abend auf kleine Zettel aufgeschrieben, was ihr an dem Tag Schönes begegnet war, etwa ein Lächeln auf dem Gang oder ein netter, überraschender Satz. Das waren ihre Edelsteine oder Perlen, mit denen sie sich in einer ruhigen Minute aufbauen konnte. Dieses Ritual half ihr, das Positive wahrzunehmen, das sie zuvor oft übersehen hatte.

Wer die Welt gern über die Finger und das Anfassen „begreift", kann sich die gerade beschriebenen „Edelsteine" oder „Perlen" statt auf Zetteln tatsächlich aus Glas oder Stein zulegen. Manche Menschen nehmen sich vor, im Laufe des Tages eine bestimmte Anzahl von Steinchen von einer Jackentasche in die andere wandern zu lassen. Am Abend sehen und fühlen sie, wie viele Einheiten ihres Vorhabens, beispielsweise „fünf Minuten für mich", sie sich verschafft haben.

Falls Sie weder ein Berührmensch („haptischer Typ") noch ein Augenmensch sind wie ich („visueller Typ"), sondern Ihre bevorzugten Sinneskanäle die Ohren sind („akustischer Typ"): Eine Möglichkeit, sich an Pläne zu erinnern, könnte beispielsweise Ihr Handyklingelton sein. *Relax* des Popsängers Mika oder Vogelgezwitscher, wie es ein Freund von mir einsetzt?

Eine andere bewährte Methode, um Vorhaben wirklich umzusetzen, ist es, einen Menschen Ihres Vertrauens einzuweihen. Indem Sie aussprechen, was Sie tun wollen und warum, erhöhen Sie die Umsetzungschance kräftig. Diese wird noch größer, wenn Sie der anderen Person gestatten, zu einem bestimmten Zeitpunkt nachzufragen, wie weit Ihr Vorhaben gediehen ist. Im besten – und ziemlich wahrscheinlichen – Fall können Sie nicht nur Erfolgserlebnisse, sondern sogar Lob und Anerkennung ernten!

Überhaupt, Lob und Anerkennung: Bitte denken Sie daran, sich zu belohnen! Und zwar auch schon für kleine Erfolge, nämlich Fortschritte und Konsequenz beim Umsetzen – nicht erst für die großen.

Ich möchte Sie nämlich dringend davor warnen, sich zu überfordern. Wenn Sie zu viel auf einmal ändern oder neu einführen wollen oder in zu kurzer Zeit zu viel von sich verlangen, werden Sie alle Bemühungen bald ganz sein lassen. Ab jetzt tägliche Entspannungsübungen plus Yoga-Unterricht suchen plus die vier Ohren einsetzen plus Befragung Ihres inneren Beraterteams – zu viel des neuen Seelenbalancierens auf einmal. Was würde Ihr fürsorgliches Selbst zu Ihrem inneren Kind sagen? Vermutlich „Geh es langsam an, aber bleib dran" oder so ähnlich. Probieren Sie, sich eine Woche lang nur auf einen Aspekt zu konzentrieren. Erst in der folgenden Woche kommt ein anderes Thema dran. Mal ist es eine Einschlafübung, mal die Umgestaltung Ihrer Wohnumgebung anhand Ihrer Notizen aus den Fantasiereisen und Ihrer Sinnesvorlieben-Liste. Vielleicht ist der richtige Zeitraum für Sie länger als eine Woche. Dazu ein letzter Weisheitsspruch aus meinem Kraftbüchlein, den ich sehr mag: *Das Gras wächst nicht schneller, wenn man daran zieht (aus Afrika)*.

Nach diesen Überlegungen, Erfahrungen und Tipps ist es so weit. Ich möchte Sie anregen, sich nun einen Plan zurechtzulegen, wie Sie Ihre neu erworbenen Balancierkünste in Ihren Alltag integrieren wollen:

Meine Balancierkünste im Alltag
Legen Sie auf einer Mindmap (die Sie aus Kapitel 10, S. 111 kennen) fest, was Sie alles ausprobieren, einführen oder ändern wollen. Und dann notieren Sie sich jeweils dazu, warum, wie und wann Sie es konkret machen wollen: Sie nehmen dazu ein Blatt Papier, mindestens DIN A4, quer, zeichnen einen Kreis in die Mitte, in den Sie „Meine Vorhaben" (oder was Ihnen gefällt) eintragen, und eine Reihe von „Sonnenstrahlen" davon weg in Richtung Blattrand. Jeder Strahl bekommt ein Vorhaben zugeordnet. Diese Pläne ergeben sich aus Ihrem Selbststärkungs-Set und den Notizen zu Ihren Vorhaben in den Nachdenkübungen.

Zu jedem Thema notieren Sie sich,
- *warum* Sie es anwenden wollen, also was es Ihnen bringt. Inwiefern wird Ihnen das guttun?
- *wie* Sie es anwenden wollen. Wie gehen Sie vor? Wie erinnern Sie sich daran? Weihen Sie jemanden ein?
- *wann* Sie es anwenden wollen. Wann geht es los? Wie oft und wie lange?
- *wie und wann* Sie sich belohnen werden.

Vergessen Sie nicht, diesen Plan gut sichtbar aufzubewahren und regelmäßig damit zu arbeiten! Sie wissen ja: üben, üben, üben ...
Schon diese Strategie aufzustellen ist ein sinnvoller und wichtiger Schritt zur Selbststärkung. Wenn Sie ihre Vorhaben dann langsam, aber sicher umsetzen, sorgen Sie richtig gut für sich!

16. So sorgen Sie gut für sich
oder
Fünf Schritte zur Seelenbalance

Wir stehen am Ende des Balancierkurses für Ihre Seele. Gerade haben Sie zurückgeblickt und das gesamte Programm noch einmal Revue passieren lassen. Sie haben Ihr Selbststärkungs-Bündel gepackt und mit Blick nach vorn Pläne zur Anwendung und zur Umsetzung Ihrer Künste in Ihrem Alltag gemacht. Bald brechen Sie auf, zurück in Ihr tägliches Leben.

Zum Abschied möchte ich Ihnen noch die Essenz meiner Erkenntnisse mitgeben, die ich „Fünf Schritte zur Seelenbalance" nenne:

Schritt 1: „Hilfe, ich wackle!"

Irritation wahrnehmen und benennen können

Schritt 2: „Warum komme ich ins Schwanken?"

Ursachen analysieren und einordnen

Schritt 3: „Da weiß ich was, das hilft"

Aus dem Selbststärkungs-Set etwas Passendes wählen

Schritt 4: „Ich bin wieder in meiner Mitte!"

Gelassen in Balance kommen, neu ausbalancieren

Schritt 5: „Ich passe gut auf mich auf"

Vorsorge treffen, damit die Schritte 1 bis 4 gar nicht mehr so oft nötig sind.

Wenn Sie diese fünf Schritte beherzigen, kann Sie doch eigentlich nichts mehr erschüttern, oder? Zumindest werden Sie sich damit aus jeglicher Art von belastenden Alltagssituationen heraushelfen können.

Denn: Sie haben nun das Wissen und die Techniken, um wahrzunehmen, dass Sie aus dem Gleichgewicht geraten sind (*Schritt 1*). Sie können analysieren, was die Ursache dafür ist (*Schritt 2*). Sie haben eine Reihe von Methoden parat, die Sie anwenden können (*Schritt 3*), um sich wieder in innere Kraft, gute Laune und Gelassenheit zu bringen (*Schritt 4*) und um sich präventiv Ihre seelische Balance zu erhalten (*Schritt 5*).

Herzlichen Glückwunsch, Sie haben das „Kurs"-Ziel voll und ganz erreicht!

Wir, ANNA und ich, verabschieden uns jetzt von Ihnen. Wir wünschen Ihnen viel Spaß und Erfolg beim Seelenbalancieren.

Passen Sie gut auf sich auf!

Anhang oder Was Sie hier alles erfahren haben und wo Sie es finden

Tipps, Empfehlungen

- Achtsame Kaffeepause (Kap. 5, S. 57)
- Anti-Tränen-Programm (Kap. 12, S. 131)
- Balancieren auf der Teppichkante (Einführung, S. 18)
- Begriffe ersetzen (Kap. 10, S. 98)
- Energie- oder Stimmungsbarometer (Kap. 14, S. 143)
- Farbberatung (Kap. 1, S. 26)
- Gedankenstopp (Kap. 9, S. 98)
- Just smile – Persönliche Geschichten vom Lächeln (Kap. 4, S. 49)
- Kraftbüchlein (Kap. 2, S. 34)
- Die „Mindmap" – Ein vielseitiges Hilfsmittel (Kap. 11, S. 111)
- Vom Schlafen und Träumen (Kap. 6, S. 65)
- Schritt-für-Schritt-Plan für schwierige Kommunikationssituationen (Kap. 11, S. 120)
- Stressabbautrommel (Kap. 8, S. 90)
- Tipp für Morgenmuffel (Kap. 9, S. 98)
- Wenn's knatscht, knirscht und kracht (Konflikt-/Kommunikationsstrategien) (Kap. 11, S. 121)

Selbstreflexion

- Interview mit meinem Beraterteam (Kap. 11, S. 125)
- Mein achtsamer Alltag (Kap. 5, S. 58)
- Meine Energietankstellen (Lebensfreudeliste) (Kap. 2, S. 35)
- Mein Fantasiegarten (Fantasiereise) (Kap. 6, S. 68)
- Mein kraft- und glücksbringender Gegenstand (Kap. 9, S. 103)
- Mein Kraftwort und mein Kraftsatz (Kap. 9, S. 101)
- Mein persönliches Selbststärkungs-Set (Kap. 14, S. 144)
- Mein Schutzschild/-mantel (Kap. 12, S. 130)
- Mein traumhaftes Badezimmer (Fantasiereise) (Kap. 10, S. 113)
- Mein Wohlfühlraum (Fantasiereise) (Kap. 7, S. 76)
- Meine Balancierkünste im Alltag (Kap. 15, S. 151)
- Meine Sinnesvorlieben: Biografie und Vorhaben (Kap. 1, S. 28)
- Die Stimmen in mir (Kap. 10, S. 112)
- Meine typischen Stress-Schwachstellen und –Reaktionen (Kap. 8, S. 89)
- Was bringt mich zum Lächeln und Lachen? (Kap. 4, S. 51)
- Was tut mir gut? (Fünf Sinne) (Kap. 1, S. 21)

Körperübungen (Sensibilisierung, Aktivierung, Entspannung)
- Hände durchs Wasser ziehen (entspannend) (Kap. 9, S. 101)
- Kopf hoch am goldenen Faden (Aufrechte Haltung) (Kap. 3, S. 44)
- Ohrmassage (aktivierend) (Kap. 2, S. 36)
- Die Sinne schärfen (Kap. 1, S. 23)
- Stehen und Gehen in unterschiedlichen Stimmungen (Kap. 3, S. 42)
- Tropfkerze (entspannend) (Kap. 6, S. 65)

Mentale Entspannungsübungen
- Innere Wärme- und Energiekugel (Kap. 2, S. 37)
- Inneres Lächeln (Kap. 4, S. 50)
- Mein Einschlaf-ABC (Kap. 6, S. 66)
- Mein Entspannungsmuff (Atem- und Fokussierungsübung) (Kap. 5, S. 55)

ANNA erzählt
- „Bad body day" (Kap. 3, S. 45)
- Beleidigte Sinne (Kap. 1, S. 28)
- Erschöpft (Kap. 6, S. 69)
- Genervt (Kap. 2, S. 38)
- Höhenangst (Kap. 5, S. 58)
- Kleine Notfälle (Kap. 10, S. 114)
- Lampenfieber (Kap. 7, S. 77)
- Tränen (Kap. 12, S. 132)
- Überfordert (Kap. 8, S. 91)
- Ungeliebte Pflichten (Kap. 11, S. 126)
- Unsicherheit (Kap. 9, S. 104)
- Wenn's wehtut (Kap. 4, S. 52)

Danksagung

Ein Buch vollkommen allein zu schreiben ist wohl gar nicht möglich. Ich konnte und könnte es jedenfalls nicht.

Mein dicker Dank gilt ...

- an erster Stelle meinen vier allerwichtigsten UnterstützerInnen: meiner Mutter, meinem Mann, meinem Sohn und meiner engsten Freundin. Ihr habt mir mit Nahrung für Kopf, Herz, Fantasie und Magen durch die Schreibzeit geholfen. Wie reich bin ich, dass ich Euch habe und dass Ihr mir, einander ergänzend, auf so unterschiedliche Weise zur Seite steht!
- den Coaches und Trainerinnen, die mich zu meinem jetzigen beruflichen Weg erMUTigten, insbesondere Angelika Rücker, Nadine Rebel (*Manchmal Unbekanntes Tun!*), Daniela Krug-Gottwald, Susanne Dranaz und Bettina von Lovenberg.
- meiner inspirierenden Qigonglehrerin Ruth Golic, von der ich weit mehr als nur Körperübungen lerne.
- meiner kompetenten Schreiblehrerin, der *Schreibnudel* Gitte Härter, in deren Online-Workshop ich das Konzept für dieses Buch entwickelte.
- meinen fleißigen, klugen ProbeleserInnen, darunter meine wissenschaftlichen Beraterinnen Dipl.-Psych. Dr. Susanne Höh und Dipl.-Soz. Anja Lederer sowie meine unentbehrliche „Privatlektorin" Petra Werner.
- meinem wunderbaren „Lavendelschokolade"-Kreis – insbesondere der *Testleserin*, der *Streberin, Anni Apfelkuchen, Kassandra* und der *Vorleserin* – sowie Harry und Caro, die mir zum richtigen Zeitpunkt ein paar zusätzliche kraftspendende und kreative Schreibtage im Schnee ermöglichten.
- meiner aufgeschlossenen, interessierten Verlegerin Marita Ellert-Richter und meiner großartigen Lektorin Julia Glasow, die durch ihre Nachfragen und ihre Vorschläge Aufbau und Text dieses Buches eindeutig verbesserten.
- und nicht zuletzt meinen neu-gierigen SeminarteilnehmerInnen und Coaching-KlientInnen, die meine Methoden und Übungen ausprobier(t)en – und die ANNA von Anfang an mochten.

Quellen und Literaturempfehlungen

Hier finden Sie meine Quellen in den mir vorliegenden Ausgaben (fast immer gibt es inzwischen neue) und die ausführlichen Literaturempfehlungen aus den Abschnitten „Zum Weiterlesen" am Ende der Kapitel:

- Barbara Berckhan: *Die etwas gelassenere Art sich durchzusetzen. Ein Selbstbehauptungstraining für Frauen*, Kösel-Verlag 1995.
- Jorge Bucay: *Komm, ich erzähl dir eine Geschichte*, Fischer Taschenbuch Verlag, 12. Auflage 2011.
- Charles Duhigg: *Die Macht der Gewohnheit – und wie man sie bricht*, in: *Psychologie heute*, September 2012, S. 20–27.
- Claudia Fiedler, Hans Plank: *Stressmanagement. So beugen Sie Burnout vor!*, Verlag C.H. Beck 2009.
- Regina Först: *Ausstrahlung. Wie ich mein Charisma entfalte*, Kösel Verlag 2002, 6. Auflage 2009.
- Elisabeth Gräf, Roman Kellner: *Ziele und Zaubersprüche. Von Harry Potter und seiner Welt lernen*, Klaus Mücke Ökosysteme Verlag 2011.
- Eckart von Hirschhausen: *Glück kommt selten allein ...*, Rowohlt-Verlag 2009.
- Karin Hunkel: *Die Kraft der Farben. Ganzheitliche Farbberatung*, Gräfe und Unzer Verlag 1996.
- Bernard C. Kolster, Astrid Waskowiak: *Knaurs Atlas der Akupressur*, Knaur-Verlag, 2003.
- Leo Lionni: *Frederick*, Midelhauve Verlag, 31. Auflage 1981.
- Matthew McKay, Martha Davis, Patrick Fanning: *Stimmungsmanagement: Wir fühlen, was wir denken*, in: *Psychologie heute* 08/2009, S. 20–25.
- Else Müller: *Du spürst unter deinen Füßen das Gras. Autogenes Training in Phantasie- und Märchenreisen. Vorlesegeschichten*, Fischer-TB 1987.
- *Psychologie heute*, Juni 2006: mehrere Artikel zu Bodyfeedback.
- *Psychologie heute*, August 2008: mehrere Artikel zu Achtsamkeit.
- *Psychologie heute compact* Nr. 22 (2009): Strategien der Lebenskunst. Sichere Inseln im Strom der Zeit.
- *Psychologie heute compact* Nr. 24 (2010): Die Macht der Gefühle. Vom richtigen Umgang mit Stimmungen und Emotionen.

- *Psychologie heute compact* Nr. 27 (2011): Erschöpft und ausgebrannt? Wie Sie dem Stress des Alltags entkommen.
- Ursula Nuber: *„Das schaffe ich schon!" Wie Sie gelassener durchs Leben kommen.* Mit Test „Entdecken Sie Ihren Antreiber", in: *Psychologie heute* Februar 2002, S. 20–29.
- Christine Öttl, Gitte Härter: *Weg mit dem Stress. Entspannt und effektiv im Job. Die besten Tipps für jeden Tag,* Gräfe und Unzer Verlag 2006.
- Monica Roseberry: *The Body Shop Wellness-Massage für Körper und Geist,* Dorling Kindersley Verlag 2007.
- Joanne K. Rowling: *Harry Potter* (Sieben Bände), Carlsen Verlag, Sonderausgabe 2008.
- Annette Schäfer: *So bleiben Sie bei Kräften,* in: *Psychologie heute,* Februar 2009, S. 20ff.
- Friedemann Schulz von Thun: *Miteinander reden Band 1, Störungen und Klärungen,* Rowohlt-TB Sonderausgabe 1999.
- ders.: *Miteinander reden Band 3, Das „Innere Team" und situationsgerechte Kommunikation,* Rowohlt-TB, 17. Auflage 2008.
- ders., Wibke Stegemann (Hg.): *Das Innere Team in Aktion. Praktische Arbeit mit dem Modell,* Rowohlt-TB, 3. Auflage 2008.
- Barbara Sher: *Wishcraft. Lebensträume und Berufsziele entdecken und verwirklichen,* Edition Schwarzer, 5. Auflage 2009.
- Maja Storch: *Der vernachlässigte Körper,* in: *Psychologie heute,* Juni 2006, S. 20–24.
- Klaus W. Vopel: *Der fliegende Teppich. Leichter Lernen durch Entspannung,* Teil 2, iskopress 1995.
- Paul Watzlawick: *Anleitung zum Unglücklichsein,* Serie Piper, Neuausgabe 1988.
- Lioba Werth: *Auf die Haltung kommt es an,* in: *Psychologie heute,* Februar 2003, S. 60–63.

Links (in der Reihenfolge ihrer Erwähnung):
- Emotionales Gedächtnis: *www.dasgehirn.info* (Link geprüft 20.02.2013).
- Weisheitsgeschichten: *www.zeitzuleben.de/thema/geschich*ten/ (Link geprüft 20.02.2013).
- Online-Magazin zur Persönlichkeitsentwicklung und Lebensgestaltung: *www.zeitzuleben.de* (Link geprüft 20.02.2013).

Bibliografische Information der Deutschen Nationalbibliothek
Die Deutsche Nationalbibliothek verzeichnet diese Publikation in der Deutschen Nationalbibliografie; detaillierte bibliografische Daten sind im Internet über http://dnb.d-nb.de abrufbar.

ISBN 978-3-8319-0511-9

© Ellert & Richter Verlag GmbH, Hamburg 2013
2. Auflage 2013

Text und Illustrationen: Dr. Alexandra Bischoff, München
Lektorat: Julia Glasow, Hamburg
Titelfoto: Fotolia / © rufar
Titelgestaltung: BrücknerAping Büro für Gestaltung, Bremen
Gesamtherstellung: CPI books GmbH, Leck

www.ellert-richter.de